梦 山 书 系

　　"梦山"位于福州城西,与西湖书院、林则徐读书处"桂斋"连襟相依,梦山沉稳、西湖灵动、桂斋儒雅。梦山集山水之气韵,得人文之雅操。福建教育出版社正坐落于西湖之畔、梦山之下,集五十余年梓行之内蕴,以"立足教育、服务社会、开智启蒙、惠泽生命"为宗旨,将教育类读物出版作为肩上重任之一,教育类读物自具一格,理论读物品韵秀出,教师专业成长读物春风化雨。

　　"梦"是理想、是希望,所谓"梦想成真";"山"是丰碑,是名山事业。"积土成山,风雨兴焉",我们希望通过点点滴滴的辛勤积累,能矗起教育的高山;希望有志于教育的专家、学者能鼓荡起教育改革的风雨。

　　"梦山书系"力图集教育研究之菁华,成就教育的名山事业之梦。

教育教学 *细节* 丛书　郑金洲 主编

林存华 著

教师行为的 50 个 细节

海峡出版发行集团 | 福建教育出版社

图书在版编目（CIP）数据

教师行为的50个细节/林存华著．—2版．—福州：福建教育出版社，2014.6（2020.10重印）
（教育教学细节丛书/郑金洲主编）
ISBN 978-7-5334-6465-3

Ⅰ．①教… Ⅱ．①林… Ⅲ．①教师－行为科学－研究 Ⅳ．①G451.6

中国版本图书馆CIP数据核字（2014）第117588号

教育教学细节丛书
郑金洲　主编

Jiaoshi Xingwei de 50 Ge Xijie
教师行为的50个细节
林存华　著

出版发行	福建教育出版社
	（福州市梦山路27号　邮编：350025　网址：www.fep.com.cn）
	编辑部电话：0591-83726908
	发行部电话：0591-83721876　87115073　010-62027445）
出 版 人	江金辉
印　　刷	福州万达印刷有限公司
	（福州市闽侯县荆溪镇徐家村166－1号厂房第三层　邮编：350101）
开　　本	710毫米×1000毫米　1/16
印　　张	15.5
字　　数	198千字
版　　次	2014年6月第2版　2020年10月第6次印刷
书　　号	ISBN 978-7-5334-6465-3
定　　价	30.00元

如发现本书印装质量问题，请向本社出版科（电话：0591-83726019）调换。

总　序

编撰一套教育细节方面的丛书，这种想法由来已久。也许我们已经熟悉了过多的对教育的宏大叙事，也许是觉得教育叙述本来就应该是着眼"大局"的，使得教育研究者很少就教育的具体细节进行深究。相对于理论研究而言，倒是在实践中，我们的老师们更关注自己的教育对象，从具体的教育行为中探寻教育的真谛。在我为数不多的听课经历中，或者在与学校管理者的交往过程中，我常常能够注意到校长和老师们确实是秉承着一种细节决定成败的理念在工作，在教学和管理实践中从大处着眼小处着手。把这些细节展示出来，把教育教学的细节把握经验提炼出来，把细节蕴含的意义揭示出来，也就成了这套丛书的主旨。

真相在细节。学校管理的情况如何？课堂教学的实际情形是怎样的？教师与学生正在进行着什么样的交往？要了解这些问题的真相，可以进行整体情况的调研，可以从各单位的汇报材料中有所知晓，可以从教师的研究论文中洞察一二，但确切的真相总是在一系列的具体细节之中的。比如，要了解一个校长是如何管理一所学校的，我们不能仅仅从其个人的理念陈述中得知，而是要观察他管理学校的一举一动，考察他的每一个细节行为，看他是如何与教师、学生进行交往的，如何处理一个又一个棘手问题的，在这个过程中，真相也就逐渐浮出水面。可以说，细节捕捉让我们在教育实践中不只是听其言，更是在观其行，而对于真相而言，"行"永远是胜于"言"的。

力量在细节。听一个故事，有细节才有感染力；求证一个事实，有细节才有说服力。把事物演进过程中的细节成分呈现出来，才能让人信服。教育教学的实际情景也是如此。一个教学模式的提出，假如仅仅是程序性行为的展现，仅仅告诉我们该模式有几个环节构成，而没有各环节操作中的注意事项，没有具体展示模式运行的细节行为，就很难为他人接纳。同样，一种教学经验的总结，假如仅仅只是告诉我们这些经验是什么，由哪些方面组成，而没有细节性的事例呈现和说明，就很难走进我们的心灵。美国哈佛大学的约瑟夫·奈教授说：体现一个国家实力的不只是强大的武装力量，而更在于这个国家有没有精彩的故事。这句话所说的"精彩"，很大程度上就是细节。

魅力在细节。法学领域中经常有这样的说法：程序是美的。我的体会，教育领域中倒是应该有这样的认识：细节是美的。为什么有的时候听完一节课以后，我们会深深为课堂上师生的行为所感染而意犹未尽？为什么有的时候走进一所学校，我们会深深为校园环境与学校实践所触动而赏心悦目？仔细追究，都是和课堂上以及学校情景中的细节行为紧密相关的。前一段时间，在一所小学听三年级的外语课，课上，一个男孩回答问题时，与正确的答案差之甚远，课堂上同学们哄堂大笑；授课老师不经意地走到这位同学的身边，轻轻抚摸了一下这位同学的头以示关心。我注意到这节课的后半段，这位同学丝毫没有被回答问题的尴尬所影响，仍然是课堂的积极参与者。这些细节让我真切感受到了教育的无尽魅力！

问题在细节。自上世纪90年代以来，我们一直倡导教师要成为研究者。许多教师为找不到研究问题而苦恼。实际上，假如我们对自己从事的工作多一份细节意识，就会发现很多问题。有人说，从教师踏入学校大门的第一步到离开学校，如果从细节行为来分析，没有一时一刻不是蕴含着许多探索和研究的问题的，这话尽管有点夸张，但不无道理。当下我们大量的教育实践行为不太能经得起细节推敲，一进入细节领域，问题多多，障碍重重。总体来讲，教育中大而化之的东西还是比较多的，细节上推敲不够，把握不准，雕琢不细，从而导致教育的科学性不强，示范性不高。从细节处发现问题，研究教育教学细节，在我看来，应该成为教师从事教育研究的基本特征。

意义在细节。教育上有很多理论，教学上有很多规则，管理上也有很多规章，所有这些要求和规定只有在细节上体现时才有意义。反过来，我们在把握教育教学以及学校管理细节的时候，也要注意分析其背后的理念、理论或者理性成分。虽然不能像佛家所说的那样，要看到"一花一世界，一树一菩提"，但至少要从认知的高度对细节有可能蕴藏的意义加以考察和挖掘。也就是说，不能就细节谈细节，将细节本身作为研究和把握的重点。一般来说，细节都是有意义的，发现这些意义，就意味着对细节认识的一种深化，对于以后把握细节就多了一份认知保证。

从国人的文化传统角度来考察，我有一个不成熟也可能是不尽正确的看法，那就是我们相对于西方民族而言缺少细节思维。我们善于对事物做总体上的谋划，做全局性的思考，对目标也会下大力气去制定，但比较少地对事物做细节性处理。翻检古代教育典籍，从细节处谈教学方式方法者甚少。我们了解启发式，但不知如何操作；我们知道教学要体现艺术性，但几乎没有具体要求；我们也明了因材施教的原则，但无从下手难以实施。凡此种种，不一而足。不只是教育领域如此，其他领域大致也是如此。通过编撰一套教育类的细节丛书，当然不能扭转我们细节思维缺失的局面，但对于从事教育工作的同行来说，做细节思维的提醒还是必要的。

强调细节，并不是不关注大局、放弃宏大。事实上，细节只有在方向正确、战略明确、目标设定合理的前提下才有意义。因而，在细节的把握上，老师们不能碎片化地理解细节，而要注意把细节放在全局中去考量，这样的细节雕琢才更有意义。

郑金洲
2011 年 2 月

目 录

一、教师教育行为细节/1
1. 课前三分钟的教育活动/3
2. 把书作为奖品奖给学生/7
3. 把馈赠当奖品给贫困生/12
4. 你们又给老师一个奇迹/16
5. 相信她今后读书一定行/21
6. 体现尊重的小小奖励/26
7. 默默暗示,无声批评/31
8. 巧妙警示,间接批评/35
9. 转移话题,迂回批评/42
10. 教师"违规"借分给学生/49
11. 成绩好的学生还顾不过来/55
12. 更多关爱令人头疼的学生/59

二、教师教学行为细节/63
13. 说不好没关系,有我呢/65

14. 这题目很简单,很容易/69

15. 让我来猜猜谁是朗读小能手/73

16. 这位同学,你为什么不举手/78

17. 快去帮帮学习有困难的同学/83

18. 你懂什么,我哪儿说错了/88

19. ××都知道,你们知道吗/93

20. 准备不足的课堂提问/97

21. 接二连三的多个问题/102

22. 遭到驳斥的学生回答/105

23. 等一等,再纠正学生错误/111

24. 不必每次都告诉学生答案/116

25. 给学生留一点知识的缺口/120

26. 讲课时不要显得漫不经心/124

27. 走下讲台站在学生中间讲课/128

28. 弄巧成拙的多媒体辅助教学/132

三、教师管理行为细节/139

29. 课前为学生唱上一曲/141

30. 今天老师做一次值日/144

31. 转过身吹讲桌上的灰/147

32. 老师还不如一只苍蝇/151

33. 你们先别忙着夸我妙/155

34. 听课老师也要守纪律/159

35. 考试之前与学生握手/164

36. 请提醒学生拉开窗帘/168

37. 向孩子承诺后要兑现/174

38. 不替学生完成分内事/178
39. 帮一年级新生做卫生/181

四、教师学习行为细节/185
40. 在教研活动中向同事学习/187
41. 在教师培训中向专家学习/192
42. 通过网络与同行探讨交流/196
43. 随身带着书,随时来学习/200
44. 每天用一点时间教学反思/203

五、教师日常行为细节/209
45. 主动和学生打招呼/211
46. 礼貌回应学生敬礼/215
47. 取得一点成绩就"炫耀"/219
48. 整理干净自己的办公桌/222
49. 老师的事别总让学生干/226
50. 在校时间别玩网络游戏/230

附录 本书案例索引/234

一、教师教育行为细节

育人是教师工作的重要内容。教师的教育行为要想发挥理想的效果，必须摆脱枯燥与乏味的单一说教，关注自身行为的细节，从细小之处来影响学生。给学生留下深刻印象的教育片段，常常源自于不经意间的一个细节。一句平常不过的话，一个细小不过的动作，都有可能给学生的心灵烙下痕迹。一次无意的非言语行为失误，一句脱口而出的伤人之语，则有可能疏远师生之间的关系，使教育产生的真实影响与预期的目标背道而驰。

1. 课前三分钟的教育活动

很多教师习惯踩着上课铃声走进教室，然后马上就开始一堂课的教学活动。教师准时进教室，当然要比迟到好得多。但是，教师不留时间余量，算着上课时间，在上课铃声响起的那一刻，不管是急匆匆还是慢悠悠地走进教室，其实都不是值得提倡的教师行为细节。

为什么这么说呢？因为当上课铃声响起，教师准点进入教室时，很难保证自己和学生的心态是平静的。正如有的研究者描述的：如果此时教师的心态是消极的，将会直接影响教师自身水平的发挥，同时也影响学生的学习情绪；如果此时教师的心态是紧张的，那么教师进入课堂就会产生心慌意乱之感。从学生的情况来看，课间十分钟，有部分学生可能玩一些过于兴奋的游戏，并且把这种兴奋的情绪带入课堂。[①] 在开始上课时，师生假如存在上述状态，那么课堂教学的质量就很难得到保证。

有一些教师则习惯上课前几分钟（一般是三分钟）走进教室。在这三分钟时间内，可以检查教学设备、教具等材料；可以了解学生的预习、复习情况，对个别学生进行短暂的学习辅导；可以了解学生的学习状态，调整某些课间兴奋过度学生的身心状态。除此之外，有的教师还会利用课前的三分钟，组织一次简短却富有意义的教育活动。

---

① 宋运来. 影响教师一生的 100 个好习惯 [M]. 江苏：江苏人民出版社，2009：91.

案例 1.1　提前三分钟进入课堂[1]

这几年来，我一直坚持在课前三分钟安排学生读一篇有教育意义的小文章。有的老师说，你又不是班主任，搞这么多与课堂教学无关的内容做什么？而我认为，我虽然不是班主任，却是一名教育工作者，任何一名教师都有对学生进行教育的责任和义务。因此，不管教哪个年级、哪个班，我从不放弃这个课前教育的机会。

我选的文章多是台湾著名作家刘墉先生写给在美国上高中的儿子的信，因为我的学生也都是刚刚进入高中，许多学生也是第一次离家在外，刘墉的信容易引起学生的共鸣。每次选一个学生到讲台前读所选的文章，如果时间充裕，再和大家简单探讨一下文章的内容，最后由我总结发言。这对于锻炼学生的口才和胆量，提高学生的自信心是有一定帮助的。最初是我点名，过了一段时间就变成大家抢着上台了。曾经有一个小女孩，成绩非常优秀，但就是害怕上台面对大家，我连续5节课都点了她的名字，每当她羞羞答答不想上台时，我就鼓励她，"你一定能行"，同时也让同学们鼓励她。后来这个学生变得非常开朗，特别喜欢和大家交流，成绩也更加优秀。最近有几个留学海外的学生在网上和我聊天时，也对当年所读的文章念念不忘，并告诉我，是这些文章让他们很快适应了国外的生活。[2]

案例1.1中，任课教师每次都提前三分钟进入教室，并且组织学生朗读一篇有教育意义的小文章。教师这一行为细节的意义在哪里，作用有哪些呢？

首先，锻炼学生的表达能力。在众人面前朗读，是锻炼个人表达能力

---

[1] 宋运来. 影响教师一生的100个好习惯 [M]. 江苏：江苏人民出版社，2009：91.

[2] 邢新宝. 教师的一个细节 学生的未来选择——由一位毕业生博客留言想到的 [J]. 班主任，2007（12）.

的一种好方式。课前的三分钟虽短，每次有机会朗读的人数可能只有一人，但是长此以往，还是能够锻炼不少学生的口头表达能力。而且，在时间充裕的情况下，教师还会安排讨论，这也是锻炼表达能力的好方式。

其次，助益学生的内心世界。课前三分钟的小文章朗读，能够让学生的思想受到熏陶，能够让学生的自信心得到加强，能够培养学生敢于表现自我的勇气。学生在这方面得到的收获，已经远远大于牺牲三分钟休息时间的代价。

最后，调整学生的身心状态。课前三分钟的教育活动，能够让学生的精神集中起来，帮助学生以良好的身心状态，与教师共同开展课堂教学活动。这实际上为课堂教学开了一个好头。

那么，教师在成功组织课前三分钟教育活动的过程中，有哪些行为细节值得我们学习借鉴呢？

第一，选择能够引起学生共鸣的文章。用于朗读的小文章内容，能够在很大程度上影响课前教育活动的质量。案例中描述："我选的文章多是台湾著名作家刘墉先生写给在美国上高中的儿子的信，因为我的学生也都是刚刚进入高中，许多学生也是第一次离家在外，刘墉的信容易引起学生的共鸣。"可见，教师对于小文章的挑选是煞费苦心的。虽然案例没有对文章朗读能否引起学生思想、情感共鸣进行叙述，但我们能够根据案例中的其他信息判断出，教师在小文章选择方面是成功的，是能够引起学生共鸣的。

第二，设计好三分钟教育活动的环节。三分钟的教育活动转眼即逝，但是，假如做好精心的设计和组织，三分钟的精彩却可能长留在学生心间。案例中，教师对于三分钟教育活动的环节设计是："每次选一个学生到讲台前读所选的文章，如果时间充裕，再和大家简单探讨一下文章的内容，最后由我总结发言。"教师精心设计活动环节这一行为细节，确保了三分钟教育活动的紧凑和充实，使课前三分钟的教育活动秀出了更多的精彩。

第三，鼓励性格内向的学生上台朗读。案例中，教师设计课前三分钟教育活动的用意在于："锻炼学生的口才和胆量，提高学生的自信心。"当细心的教师注意到有一个小女孩害怕上台面对大家时，就连续5节课都点了她的名字，让她上台站在全班同学面前朗读。并且，当这个小女孩羞羞答答不想上台时，教师不仅自己鼓励她"你一定能行"，同时也要求其他学生鼓励她。教师在课前三分钟教育活动中的这一举措，收到了非常好的教育效果，使这个内向的学生变得非常开朗。

点睛笔：
1. 踩着上课铃声走进教室，不是值得提倡的教师行为细节。
2. 提前三分钟进入教室，组织课前三分钟教育活动。

2. 把书作为奖品奖给学生

对表现好的学生进行奖励[①]，是教师对学生进行教育管理的重要手段。通过发放小红花、笔、笔记本等实物，对学生的优良表现进行肯定，无疑是奖励学生的重要形式。可用于奖励学生的"实物"是多种多样的，随着年级的不同、时代的发展，实物奖励也有所不同。在诸多的实物奖励中，把学生成长所需要的书作为奖品，可能尚是为数不多的教师所坚持的奖励形式。但是，用书来奖励学生，有着其他实物奖励所不具有的特殊意义，对学生的成长产生特别的作用。

第一，书是特殊的奖品，本身具有良好的寓意。书籍是人类知识、文明的重要载体。苏联作家高尔基说过一句名言："书籍是人类进步的阶梯。"孩子们到学校来的重要任务是读书。教师把书作为奖品发放给学生，除了让奖品发挥象征意义，用来肯定学生的良好表现外，还能很好地表达教师对学生取得更多进步的期望。当学生拿到特殊的奖品——书籍之后，除了把书当成一种荣誉之外，一般还会比较认真地阅读图书，用心地学习书中的知识和道理。因而，在各种各样的实物奖品中，把书作为奖品奖励给学生，具有更多的教育意义，会对学生的学习和成长产生更好的激励

[①] 对学生的奖励，有传统意义上的物质或经济奖励，有应用广泛的口头表扬，有体现为赞赏性肢体语言的肯定，也有表现为奖状、小印花、小粘贴等形式的符号表扬，甚至给予各种机会也是一种奖励.

作用。

第二，奖书体现了教师对学生发展状态的关注。一般情况下，教师不会随便找本书奖给学生，而是在选择的基础上把书作为奖品。选书的依据是什么？当然是学生当下学习与成长过程中，缺什么知识、需要什么知识，就奖励这方面的书。所以，教师奖励给学生书的过程，一般先要关注学生的学习状态，然后才选择适当的书奖励给学生。换言之，把书作为奖品这一行为细节，通常是在教师对学生学习与成长状态有所了解的情况下，有所选择地做出的行为。从另外一个角度来看，奖书这一教师行为细节，促进了教师对学生发展状态的关注，而教师对学生发展状态的关注，反过来又会促进自己的教育教学工作，进而促进学生的健康发展。

第三，奖书对学生的影响可能是深刻又持久的。青少年学生具有较强的可塑性，知识水平处在快速增长阶段，价值观念也处在形成的关键时期。在这个发展阶段，如果能读到一本或几本好的书，或者说适应其特定阶段发展的书，那么对其今后的发展，很有可能会产生非常重要而又积极的影响。奖励给学生的好书，学生通常会用心珍惜，认真阅读，深入思考。通过这种别具意义的学习，学生的知识水平得到增长，学生的价值观念受到熏陶。学生的这种学习，是一种自觉的学习，并没有外力约束。这种状态下的学习，更容易留下深刻的印象，产生持久的影响。

那么，教师又如何做好把书奖励给学生这一行为细节呢？在讨论这个问题之前，我们先来看一个简单的案例。然后，结合案例中的信息，进行具体的分析。

案例 2.1　送给学生"名"书[①]

一位英语教师买了 50 本英文小说，让学生轮换着读后，签上学生的名

---

① 严育洪. 这样教书不累人［M］. 北京：教育科学出版社. 2009：144.

字，毕业时，允许学生带走其中一本书作为教师奖励的礼物。这样的礼物已经属于纪念品了。

案例中，在学生毕业时，英语教师送给每一位学生一本英文小说，作为特别的奖品。教师在奖励英文书时，有几个具体的细节值得我们关注。

第一，将奖励与学习相结合。案例中，英语教师选择作为奖品的书，不是别的什么书，而是英文小说。在这些英语小说正式发放给学生之前，教师先让学生轮换着阅读。对学生来说，阅读英文小说的过程，就是学习的过程。学生在阅读英文小说的时候，必然会温习学过的英语知识，而且需要自学教师没有讲过的内容，从而提高英文水平。把奖书与学生的学习相结合，或者与学生的成长相结合，可以说是奖书给学生的一个原则，而落实这一原则的过程，则可理解为做好奖书给学生的一个细节或若干个细节。

第二，抓住发放奖品的时机。作为奖品的书，自然是让学生多加阅读，才能更好地发挥其特殊的意义。奖书的时间不同，时机有别，对学生的阅读就会有着不一样的影响。在案例2.1中，教师并没有在买好50本英文小说后，就随便地找一个理由奖励给学生，而是等全班学生分别读过50本小说后，在学生毕业时奖励每个学生一本英文小说。这样，在奖品没有成为奖品之前，就能够发挥更多的作用，即同一本小说能够让所有的学生都有机会读到。

第三，赋予奖品特殊的意义。教师在把书作为奖品发放之前，可以试着增加书的价值，从而让学生在收到书之后，更加珍惜这一奖品。案例2.1中，当每个学生轮流在50本英文小说上签名之后，学生才得到一本有着全班同学签名的图书。这时学生得到的英文小说，不仅是单纯的奖品，也是特别的礼物，还是有意义的纪念品。教师的高明之处在于，通过学习期间的借阅和签名的方式，赋予了英文小说特别的意义。对学生来说，最终拿在手里的英文小说，不仅是记录个人英文学习痕迹的一本书，而且是班级生活、同学友情的见证之物。

第四，让所有学生人手一本。奖励覆盖面的把握，是把书作为奖品时需要注意的一个细节。覆盖得广一些，还是狭窄一些，没有定论，要根据真实的情境来定。一般来说，在保证奖励效果的前提下，让更多的学生能够得到奖励，是一个值得推荐的做法。在案例 2.1 中，学生获得奖品的门槛不是太高，所有的学生只要付出一定的努力都能得到。这样的做法，扩大了奖书的覆盖面，使所有的学生都能享受到奖品带来的愉悦。在一定程度上，教师采取如此的做法，也与"让一切孩子都得到发展"的教育理念吻合。

教师奖书给学生，除了关注以上细节外，还要注意哪些方面的细节呢？教师在把书奖给学生之前，既要做到了解学生，还要做到熟悉相关的书。教师奖给学生的书，应该是学生学习与成长需要的书。这些书，最好是暂时没有引起学生和家长重视或关注，但与学生当前的发展水平相适应、对今后的成长有一定促进作用的好书。而且，对于不同发展特点、不同发展阶段的学生，教师奖励的书也要有所区别。做到了这些方面，教师也就可以灵活地设计奖书的细节，有的放矢地把学生需要的书，用相对合适的方式奖励给学生。根据这几个要求，教师要挑选合适的书奖励学生，还真不是一件简单的事情。

书诚然是很好的奖品，但我们也不能把书当成万能的奖品，更不能随意地把书奖给学生。实际上，不仅是书，所有的奖品都不能滥发。奖品的意义或特征在于：一是孩子们喜欢的、乐意接受的；二是并不那么容易得到的。滥发奖品将使奖品的第二条特征丧失，随着奖品的易得，奖品也就变成了普通的物品。如果奖品成了普通物品，孩子们还会那么重视吗，还会那么珍惜吗？往远处说，今天教师或家长可以轻易地给孩子发奖品，那以后孩子长大了，到了社会上，还能轻易地得到奖品或奖励吗？如果今天让学生轻易地获得奖品，那么不仅会养成孩子们对待奖品的不良认知和态度，更严重的是，这样的行为实际上是以伤害孩子的长远发展为代价的。可见，在一定意义上，奖品的珍贵之处，很重要的一点体现在物以稀为贵上，至少对被奖励的学生来说，奖品应该是稀缺资源。教师使用奖励和发放奖品，应该好好地理解和把握住这一点。

点睛笔：

1. 教师在把书奖给学生之前，既要做到了解学生，也要熟悉所奖之书的内容。

2. 对于不同发展特点、不同发展阶段的学生，教师奖励的书也要有所区别。

3. 不能把书当成万能的奖品，更不能随意地把书奖给学生。

3. 把馈赠当奖品给贫困生

在学生群体当中，总有一些比较敏感的学生，比如贫困生、学困生、身体有缺陷的学生、来自单亲家庭的学生等等。这些学生也许外表看上去比较坚强，但其内心常常是脆弱的，或者说是比较敏感的。这些学生的敏感与脆弱，也许在平时的学习生活中，并不一定表现得非常明显。不过，教师一旦不注意某些行为细节，一不小心触及他们内心深处敏感的地方，那么即便是出于好心的馈赠和帮助，也可能会引起他们的紧张、激动、反感，甚至是对抗，从而使馈赠和帮助的效果大打折扣。

以贫困学生为例，由于在物质资源上有所欠缺，他们会更加在意别人的看法和做法。对于他人物质方面的馈赠，他们一般比较敏感，一旦认为这是"嗟来之食"，他们脆弱的自尊心可能会承受不了，并有可能引起过激反应。因而，教师在帮助贫困学生时，在给予贫困学生物质馈赠时，尤其要注意自己的行为细节，在让他们接受帮助和馈赠的同时，保护他们尚处于脆弱阶段的自尊心。

教师在帮助贫困学生时，用奖励的方式给予他们馈赠，是教师教育行为的一个细节。用奖励这种方式馈赠贫困生，他们会比较容易接受，会觉得是因为自己表现优秀而获得应有的奖励。即便他们觉察出教师给予自己奖品的意图不简单，可能与其他同学获得奖品的原因有点不一样，但是，以奖励这种方式给予馈赠，他们更能体会到老师的良苦用心。这样，他们至少在情感上不会抗拒馈赠。下面,我们将结合一个短小的案例,对这一行为细节作更多的具体分析。

案例 3.1 奖给经济困难学生一本书[①]

一位教师看到一个经济困难的学生在书摊前徘徊,对一本书看了放、放了又看,最终没有买下。教师等她离去后,掏钱买下这本书,然后找了一个能够奖励她的时机,把这本书奖给了她。她愣住了,用感激的目光久久地看着自己的老师……

案例 3.1 中,教师给予经济困难学生馈赠的行为,有几个具体的细节之处值得我们关注。

首先,教师对偶然看到的现象进行了关注和分析。一位学生徘徊在书摊前,这本是一件平常的事,是学校生活之外的一件小事。对教师来说,假如匆匆一瞥,当作什么也没发生,那也是无可指责的。但案例中的教师,对于学生出现在书摊前,并没有视而不见,而是进行了细致的观察。经过观察,教师发现这个学生是一个经济困难的学生,并注意到学生把一本书"看了放、放了又看,最终没有买下"。教师细致观察了经济困难学生在书摊前的表现,通过对现象的分析,教师不难得出结论:这个学生看上了这本书,也需要这一本书,但是,由于经济方面的原因,却没有能力买下来。

其次,教师"背着"学生,买下了学生喜欢的书。教师了解到贫困生对某本书的实际需求之后,并没有无动于衷,而是决定把书买下来再赠送给学生。为了照顾学生可能存在的、敏感的自尊心,教师并没有当着学生的面买下这本书,而是等学生离去之后,在学生不知晓的情况之下,"背着"学生买下学生看中的书。教师的这个行为细节,充分考虑到了学生的

---

① 严育洪. 这样教书不累人 [M]. 北京:教育科学出版社,2009:144.

心理感受。试想一下，假如这位学生发觉教师看到了自己买不起书的情景，那么很有可能会感到一丝尴尬；而假如在学生不愿意被"熟人"碰到的情况下，教师出现在学生面前，并且还购买了学生买不起的书，说是送给他/她，那么这位学生的反应可能如下：或许会不介意，或许会很感动，但也有相当的可能性是，他（她）会感到不自在，就好比内心的疤痕，突然一下子暴露在人们面前，表面上看似坚强的伪装，却在没有做好心理准备之时被人撕开了。

最后，教师特意寻找到一个奖励时机把书送出去。教师买下经济困难学生喜欢的书之后，并没有立即把学生叫来，把买到的书直接赠送给学生，而是寻找到一个学生表现良好的时机，以奖励的方式把这本书赠送给学生。这时，这本书既是礼品，也是对学生行为表示肯定的奖品。尽管敏感的学生从这特殊的奖品中，能够发觉教师其实早就注意到了自己在书摊前的表现，但学生在接受这本书的时候，内心应该不会有任何的抵触情绪，因为学生可以理直气壮地对自己说，是自己的优良表现赢得了教师的奖励。与此同时，学生心里不会平静，内心是波涛起伏——涌动的是感动、感激之情，留存的是对教师的尊敬和心悦诚服。如此，教师的赠送不仅仅是对学生的一种帮助，而且还是一次具有高附加值的教育活动。

案例3.1给我们的启示是，把贫困学生需要的物品，不以馈赠的方式直接送出去，而以奖励的方式奖出去，往往能够收到超越简单赠送的教育效果。

那么，如何才能比较恰当地把赠送奖励给贫困生呢？要想处理好其中的细节之处，需要做好哪些方面的准备，或者说要注意哪些方面呢？

第一，要留意他们的日常言行。贫困生容易成为班级弱势群体中的一员，他们在内心敏感的同时，在言行方面也可能存在一定的特别之处。留意他们的日常言行，是分析他们言行背后的意图，了解他们真实想法的重要途径；留意他们的日常言行，也是走入他们内心世界，了解他们真实需求的可靠方法。教师做到了经常关注心理敏感的贫困生，也就具备了处理好与他们交往细节的良好基础。当然，教师的关注不能过于刻意，不能为了关注而去关注，因为很多时候，过度的关注可能会起到适得其反的效果。

第二，送给他们最需要的东西。雪中送炭，温暖人心。即便是有着心理提防的贫困生，当他们收到梦寐以求的礼物时，他们也会倍受感动，也会感到温暖，敏感的内心世界也会为注重细节的教师而打开。需要注意的是，他们需要的不仅是物质上的帮助，更是精神上的关心。当然，物质上的馈赠运用得当，也是进行精神上关心的基本载体。更何况，对于贫困学生来说，他们常常面临更多的物质方面的匮乏，假如教师能满足他们物质上的一些需求，对于他们物质需要和心理需求的满足，都具有十分重要的作用。

第三，以恰当的形式奖励赠送。君子爱财，取之有道。不劳而获，不值得提倡。对于贫困生来说，他们同样在意"嗟来之食"，他们分外在乎别人的同情、可怜或嘲讽。给予贫困生以赠送，教师要特别注意其敏感的心理状态，要处理好给予赠送的细节。即使是以奖励的方式，把馈赠奖给他们，也要注意恰当的奖励方式，遵循奖励的基本要求。如果在赠送礼物的同时，把经济困难学生贴上标签，那无疑是贫困生们内心反感的，这样做无疑会削弱赠送所应产生的积极效果。

点睛笔：

1. 教师在帮助贫困学生时，用奖励的方式给予他们。
2. 教师要从三个方面做到恰当地赠送奖励贫困生。

4. 你们又给老师一个奇迹

在教育世界中，教师常常会用口头表扬的方式，肯定学生的某些行为，引导学生朝着教育目标前行。在某些场合，口头表扬的运用，如果在细节之处结合个性色彩鲜明的语言，那往往会产生别样的作用。比如说，对于需要较多学生甚至是全班学生通力合作才能完成的事情，教师不妨用"你们又给老师一个奇迹"等言语，来进行一次具有渲染力的口头表扬。恰当地使用个性色彩鲜明的口头表扬，至少能在以下几方面收到比较好的教育效果。

首先，能够更好地调动学生的情感。口头表扬是一种精神激励，要使口头表扬发挥出应有的作用，需要有效地调动学生的情绪，使学生在情感上有愉悦的体验。个性鲜明的口头表扬用语，对学生来说具有很强的新鲜感，能够更好地引起学生注意，让学生回味更久，而不是一只耳朵进一只耳朵出。

其次，能够加深学生对表扬的印象。平淡无奇的口头表扬用语，诸如"很好"、"真棒"、"不错"等等，对学生来说，没有多少新鲜感可言，过多地使用这些表扬用语，其吸引力亦会相应地降低。恰当地使用个性色彩鲜明的口头表扬，对学生的心理更有冲击力，容易产生较为强烈的情感体验，这样印象往往会比较深刻。

最后，能够更多地影响学生的行为。作为学生管理的一种基本手段，教师对学生进行表扬的最终目的,是为了持续地正面影响学生的行为。毫无新意的口头表扬,学生不见得一定会反感,也可能会乐于接受,但学生听得多了,内心世界可能会波澜不惊。即便是表扬带来的喜悦之情,也可能如浮光掠影般一闪而过。别具个性的口头表扬,能够让学生耳目一新,更容易在学生心中留下印象,也就能够更多、更持久地影响学生的行为。

下面,我们将结合一个真实的案例,对于口头表扬的细节方面作一下具体的分析。

案例4.1　向学生收费不再头痛了[①]

我经常要替学校向学生收费,一遇到收费我就头疼,因为每次收费总是有几个学生会忘记带钱,总要两三天才能收齐。我曾经这样想过,要是学生们一天就把钱带齐,我该多省事啊!我只是想想,因为我不相信这能成为真的,40多个人,怎么会没有掉饭粒儿的?

开学没几天,在收医疗保险费的时候,我发现学生比以前交得及时了,我高兴地说:"过年没白过,自理能力大大提高了!"我还给班中的3个小组分别奖了一颗五角星,贴在了光荣榜上。

第二个月,学校通知我收午餐费,于是我在晚上放学的时候匆忙告诉学生要交费,让学生把数字抄下来,嘱咐学生带足需要交的钱。我还和学生开了一个玩笑,我说:"明天收钱一律不找零。"

第二天,我特意起了个早,7点钟就来到学校,我怕学生早来,如果不早点收钱,学生的钱丢了,就不好了。随着时间的推移,交钱的学生越来越多,钱也越来越多。直到8点钟,学生到齐了,我一数记事本上已经交钱的人数,居然还差了一个,一了解,原来是小王。我把他叫到跟前,疑惑地问他:"怎么,没带钱吗?"他低声说:"我记错了,带少了,还差

---

① 本案例由上海市宝山区虎林路小学金蓉琴老师撰写.

一些。"我安慰他说："傻孩子，那就把带的交上来，剩下的我给你垫上。"他不好意思地把钱递给了我。我匆匆赶到财务室交了钱，结了账，财务室的老师竟然说："你班学生真好，全部都交齐了。"其他班级的老师也很羡慕我，说："你的学生太给面子了！"我听了，心里感觉像有一朵幸福的花儿在绽放，满是醉人的香气。

来到班级，我笑着，幸福地笑着对41个学生说："今天交费，41个人全部交齐，你们多了不起，你们又给老师一个奇迹！我知道，你们每个人带钱的时候一定是想到了老师，怕老师结不了账，我谢谢你们！你们的爱是用行动来证明的，我能成为你们每一个人的老师，是幸运的，谢谢你们！给你们每个人奖一颗小爱心。"听罢，学生的脸上露出灿烂的笑容。

值得庆幸的是，从那以后，我们班的收费从来没有人拖拉过，偶尔有学生忘了，他们也会在上学路上想办法跟同学家长借了交。财务室的老师一直佩服我有办法呢！我知道人与人之间相处是需要感动的，我从细节处感动了学生，最终感动了自己。

案例4.1中，有几个运用口头表扬的具体细节，值得我们注意。

第一，在全班同学面前，比较正式地肯定所有的学生。案例中，对于全班学生准时交费的行为，教师在班级中以比较正式地口吻，用口头表扬等激励形式，肯定了所有学生的良好行为。在某种意义上，教师对学生的表扬应该是无差别的。学生做得好，达到了表扬的标准，教师就给予表扬；而不能因为学习成绩好的学生做得好就表扬，学习成绩不好的学生做得好就不表扬。

第二，用富有感情色彩和个性特点的语言来表扬学生。案例中，教师对学生的口头表扬并没有流于形式，也没有用不咸不淡的"套话"说说而已，而是使用极具个性色彩的语言，诸如"你们多了不起，你们又给老师一个奇迹！""你们的爱是用行动来证明的，我能成为你们每一个人的老师，是幸运的，谢谢你们！"这些语言的使用，必定给学生们的心灵以强烈的震撼。因为从这些口头语言中，学生分明可以感受到教师的真情投入。

第三，将口头表扬与其他形式的激励有效地结合起来。口头表扬仅仅是教师激励学生的一种方式。为了取得更好地激励学生的效果，在很多时候，有必要将口头表扬与其他形式的奖励结合在一起。在案例中，教师用"一颗五角星"、"一颗小爱心"这些符号奖励，配合口头表扬的使用。这一将两种奖励形式结合起来使用的教育细节，能够更好地发挥口头表扬这种奖励方式的作用，能够提升对学生行为奖励的综合效果。

第四，对于无心之失的学生，给予充分的宽容和帮助。在案例中，我们也注意到，并不是所有的学生都按时如数地交纳了费用。学生小王由于没有记清楚，少带了要交的费用，而且，他也没有主动地找老师说明情况，而是在老师找到他以后，他才承认自己的失误。对于这种情况，教师给予了充分的宽容，先让学生交纳已经带的钱，然后帮学生垫上不足的部分。这一行为细节，虽然不是口头表扬实施环节的组成部分，但是，它为教师表扬全班学生找到了足够的理由，毕竟没有一个学生忘记了要带钱交费，只是有一个忘记了具体的数目。

关于案例中教师口头表扬的效果，我们可以从案例中的相关描述得到答案。由于教师处理好口头表扬以及相关的诸多教育细节，交费这一件事情就做得比较好。正如案例所描述的："从那以后，我们班的收费从来没有人拖拉过，偶尔有学生忘了，他们也会在上学路上想办法跟同学家长借了交。"

除了案例中所关注到的，教师在使用富有个性色彩的口头表扬时，还需要注意哪些方面行为细节呢？

其一，要恰当地使用富有个性色彩的口头表扬，避免过犹不及。作为口头表扬的一种表现形式，用个性特点较浓的方式对学生进行口头表扬，要考虑学生的接受程度，要考虑与所表扬内容的吻合程度。而且，这样的口头表扬，也不能偏离表扬的目的，即发挥表扬的评判和导向功能。富有个性的口头表扬一般能收到较好的效果，同时我们也要牢记，过度的使用也可能会适得其反。

其二，不可生硬模仿他人的个性口头表扬方式。"他山之石，可以攻玉。"模仿、借鉴优秀教师的个性表扬方式，是新手教师提升自己表扬技能的重要方式。但是，我们要注意的是，模仿的目的是为了生成真正适合自己个性特点的口头表扬方式。所以，模仿也要模仿得巧妙，模仿也不是简单地复制、生硬地照搬照抄。

其三，要根据情境随机生成，根据情况的变化不断进行调整。富有个性色彩的口头表扬，在很多情况下是即兴之作，是在特定情境下自然而然地说出来的，虽然有的时候它可以提前做些准备，但有的时候它可能要考量教师的智慧，需要教师具备随机应变的能力。

点睛笔：

1. 恰当地使用个性色彩鲜明的口头表扬，能够更好地调动学生的情感，能够加深学生对表扬的印象，还能够更多地影响学生的行为。

2. 教师用好富有个性色彩的口头表扬，还需要注意以下三方面的要求。一要恰当地使用富有个性色彩的口头表扬，避免过犹不及；二是不可生硬模仿他人的个性口头表扬方式；三要根据情境随机生成，根据情况的变化不断做出调整。

3. 对于无心之失的学生，教师要给予充分的宽容和帮助。

5. 相信她今后读书一定行

在师生交往的过程中，教师对学生的暗示和影响无处不在。在很多时候，教师不经意的一句话、随意的一个动作，都有可能在学生的心海中悄然掀起狂风暴雨。教师对学生不经意间的评价，不管是积极的激励，还是消极的评论，都能对学生产生莫大的影响。我们接下来要讨论的是，教师如何在学校的教育世界中，以非正式的方式有效地激励学生。在具体讨论这个问题之前，我们先来谈一下在师生交往中，教师对学生进行非正式激励的教育意义。

一方面，能够体现教师对学生的爱护，能够让学生感受到教师对自己的信任。爱学生是教师职业道德的重要内容，爱学生是优秀教师的内在品质之一。爱学生不是说说而已，更主要的是体现在教师与学生交往的一言一行之中。教师在日常交往中对学生的非正式激励，看上去并不是教师必须要完成的教育教学工作。换句话说，教师不去有意地激励学生，别人也挑不出什么大错。而一旦教师长期做到了对学生进行非正式激励，我们就可以认为，这样的教师是真正爱护学生的教师，是真正把教育融入到师生互动中的教师。

然而，遗憾的是，有的教师不仅没有主动在非正式的场合激励学生，反而变本加厉把对学生的负面评价挂在嘴边，他们会这样唠叨："这些孩子不能"、"这样的孩子肯定不行"、"这个孩子没救了"……这些话如果传到孩子的耳中，敏感的学生感到的是教师的不信任。

另一方面，可以道出教师对学生的期待，有利于促进学生的长远发展。在教师的激励中，包含着对学生的信任，包含对学生未来成长与发展的期待。几乎所有的学生，都希望得到教师的肯定，都希望获得教师的激励。师生交往中的非正式激励，也许是教师的无意而为，也许是教师在与学生互动中的灵光一现，但对学生来说，却有着非凡的意义。学生能够从中读懂来自教师的认可，来自他们心目中权威者或偶像的期待，而这样的认可和期待，对学生的影响是潜移默化的，同时也是深刻又长远的。

如果老师没有告诉学生，他对所有人都有很高的期待，那么班级就会分化成截然不同的两组：一组认为"我能做到"，而另一组则认为"我做不到"。这种差异不是由家庭教育水平、学生的社会经济地位，以及他们生活的社区决定的，而是由学校文化决定的。无论教师是否表明对学生的期待，学生都会受到影响。我们欺骗不了孩子，他们比成人更能理解肢体语言的含义，他们能感受到大人的言行不一。老师的行动传达的含义，往往比语言更准确。[1]

下面，我们将结合案例的阅读和分析，来具体讨论一下教师对学生进行非正式激励中的某些行为细节。

案例 5.1 她今后读书一定行[2]

炎炎夏日，我收到一封在远方工作的学生来信。

迫不及待地读完信，我的眼睛湿润了，我为学生感动、为学生对老师的情谊而深深感动。

---

[1] [美] 菲利普·比格勒，斯蒂芬妮·毕晓普. 美国最优秀教师的自白 [M]. 刘宏译. 北京：中国青年出版社，2008：131-132.

[2] 王学良. 教师应用美丽的细节感动学生——一封学生来信给我的启示 [J]. 教育科研论坛，2008（9）.

信中叙述的两个细节，我早已淡忘，被学生写出来，感觉却如此的美丽，并深深地触动了我——"一个晴朗的冬日下午，我去办公室送班上的作业本，旁边的老师笑着对您说：'你们班上这个小女孩，好像没有长高多少，像颗白粒丸子。'您对旁边的老师发着感慨：'别看她个子矮小，但今后读书一定行！'很随意的一句话，我一直把它记在心里。虽然那时我并不知道，您为什么要这么说，但在以后的日子里，每当我在学习上遇到挫折时，便想起了您的话。于是，我告诉自己：'我是有希望的！'老师，您的鼓励和暗示一直伴随着我，教我自信，教我蔑视困难，勇往直前。现在，我想自豪地告诉您，像您一样，我终于成了一名光荣的人民教师。"

"我永远也忘不掉'会龙山之行'。当我让好奇折磨得心急如焚，却怎么也跳不上飞椅的座位时，是您微笑着快步走来，向我伸出温暖的双手，轻轻地把我抱上飞椅。当时，我只知道您好，感动得差点儿叫出了'妈妈'。以后，那地方去过很多次，可是没有一次比儿时那次更让我回味无穷。"

掩卷而思，上述信中提及的两个细节，实在是微不足道，而学生却刻骨铭心。老师的一个动作，乃至一个眼神，都会在学生的心底刻下痕迹，进而影响到学生的成长轨迹。作为一名教师，被誉为"人类灵魂的工程师"，在"传道、授业、解惑"的每一个细节，在和学生相处的时时刻刻，都要让学生感受到老师深深的情和爱。

爱是通往学生心灵深处的桥梁。教育家捷尔任斯基说："谁爱孩子，孩子就会爱他，只有爱才能教育好孩子。"教师千般爱，不能只说在嘴上，更重要的是隐藏在心头，自然地流露在举手投足间。只要我们发自内心地对学生关心、爱护和赏识，学生就能感受得到。

案例 5.1 中描述了教师两个行为细节，一个是用"别看她个子矮小，但今后读书一定行"这句话，表达了对学生成长发展的信任和期待；另一个是当教师注意到学生上不了飞椅的座位时，微笑着快步走过去，把学生轻轻地抱上飞椅。我们重点来讨论教师第一个行为细节。

第一，没有附和同事，谈论学生的缺点。案例中的学生，应该是某门课的课代表。某天下午，该生送班上的作业本去教师办公室，教师的同事无所顾忌地揭了学生的短处，即"你们班上这个小女孩，好像没有长高多少，像颗白粒丸子"。当着学生的面，揭露学生的短处，说学生长得矮，并且还比喻成一颗"白粒丸子"，与教师的身份不相吻合。学生的内心大多是敏感的，对于教师的评价往往是非常在意的。学生听到有老师如此评价自己，会作何感想？学生任课教师的同事忽略了这一点。这位同事对学生评论这一行为细节，似乎忘记了在课堂之外也要为人师表。与这位同事不同的是，学生的任课教师并没有随口附和，没有在学生面前谈论其缺点。

第二，发出真情实意的一句感慨。案例中的任课教师显然是不同意同事的看法，也许还有点看不惯同事的言行。但是，为了处理好与同事的关系，又不能向同事叫板。同时，对可能心灵受伤的学生，也不能不去安慰，不去进行积极的激励。在某种程度上，任课教师已经处于一种两难的境地。所以说，教师的一句感慨，是对同事随意评论学生的不同意。教师的这一句感慨，照顾了同事的情绪，委婉地表达了对同事意见的不同看法，更加重要的是，为安慰学生和激励学生做好了情感上的铺垫。有了这么一句感慨，让学生觉得教师接下去的话，是真心实意的鼓励，而不是虚情假意的敷衍。

第三，用"今后读书一定行"来激励学生。教师激励学生，显然是这次师生互动的重点。教师说了一句平常不过的话，"别看她个子矮小，但今后读书一定行"。教师用极其肯定的语气，弱化了学生生理上的暂时缺陷，强化了学生在读书发展方面的无穷可能性。如此"避轻就重"的一句话，给了学生无限的信心。这句话对学生的激励作用，持续了许久许久，成为了学生克服困难、超越自我的强大动力。每当学生遇到困难的时候，它会给学生信心和力量，帮助她一次又一次地战胜困难。

另外一个教师行为细节，实际上也表达出教师对学生真心的关爱，由此，学生更加认定教师说的"你读书一定行"是发自内心的言语。一次对学生的关爱，学生可能觉得是教师的偶然行为，数次对学生的关爱，必定能让学生体会到教师的真心、真情和真爱。总之，教师真心爱孩子，就能做到在细节之处，非常自然地流露对孩子的关爱。这样的行为细节多了以后，就能使教育达到不着痕迹的境界。很多时候不必去苛求教育效果，你的言行却已经深深地打动了学生。你的一言一行，尤其是对学生的关怀之举，已经镌刻在学生的内心，化为了学生今后进步的不竭动力。

> **点睛笔:**
> 1. 在师生交往中，教师要重视对学生进行非正式激励。
> 2. 教师让学生时时处处体会到教师的真心、真情和真爱。

6. 体现尊重的小小奖励

每个人都喜欢得到奖励，孩子们更是如此。诸如口头表扬、符号奖励等看上去没什么经济价值的小小奖励，之所以能够被孩子们喜爱，是因为这些精神奖励本身，具有超越物质的象征意义——小小的奖励却是优秀的象征，是被重视的象征，是被肯定的象征，是被尊重的象征。这些象征意义的存在，使奖励超越了本身。同时，也赋予了使用奖励的若干条件。例如，使用奖励要正式一点，要让被奖励者有得到重视、尊重的感觉，奖励要与学生的付出、表现或成绩相匹配。

若是随意使用奖励，那么奖励的象征意义必定会被削弱，乃至会丧失殆尽。当学生们体验不到奖励所能带来的快感，那么对于奖励就不会那么重视，也就不会那么珍惜。如此，奖励将可能不再是奖励。可见，如果奖励的发放者失去了对被奖励者的尊重，那么，再怎么有经济价值的奖励，也会由于发放奖励的形式不规范，而使其本身应具有的价值黯然失色，更何况自始至终就是靠象征意义"取悦"学生的小小奖励呢？

下面，我们将结合真实教育情境中教师发放奖励的两个例子，来具体分析一下体现尊重的小小奖励的作用，以及探讨一下如何使小小的奖励让被奖励者体验到尊重的感觉。

案例 6.1 亲手为孩子别上"友谊星"①

"哇,你真会帮助人,老师奖励你一颗'友谊星'。"甲老师右掌平伸,邀请这位小朋友到讲台前,她蹲下来亲手为孩子别上了一个"友谊星"的标志。被请到的那位小朋友小胸脯挺得高高的,激动的神情写满了小脸。

案例 6.1 中,甲老师以比较隆重的方式,奖励学生"友谊星"标志,使学生倍感激动、骄傲,从而很好地发挥了奖励的应有效应。我们可以从若干言语和行为细节中,看到甲老师对学生的尊重。

首先,在发放"友谊星"之前,甲老师对学生进行了口头表扬,说明了发放"友谊星"这一小小奖励的原因,肯定了学生帮助他人的行为。从"哇"、"你真会"等只言片语中,我们可以感受到甲老师对学生的表扬是真诚的,这反映了教师内心是重视这一次奖励的;从奖励学生帮助他人这一行为中,我们可以发现教师奖励的"对象"是具体的,这说明了教师并不是泛泛地表扬学生,模糊地奖励学生。

其次,甲老师"右掌平伸邀请这位小朋友到讲台前",颁发"友谊星"标志。从这一行为之中,我们注意到"右掌平伸"、"邀请"、"到讲台前"这样的教师行为细节。"右掌平伸"相对于没有动作或伸出手指,"邀请"相对于简单地"叫一声","到讲台前"相对于"在座位上",无疑前者更多地体现了尊重。

最后,甲老师做到了蹲下来亲手为孩子别上"友谊星"标志。教师"蹲下来"这一行为细节,缩短了教师和学生在身高上的差距,教师这样做,显然能够拉近作为成年人的教师与未成年人的学生之间的距离;至于教师"亲手为孩子别上"这一具体的动作,更是让学生感受到教师对这小小奖励的重视,也能够让学生体会到并没有多少经济价值的"友谊星"标

---

① 陈红霞. 关注细节,凸显教师的"品德味"[J]. 小学教学研究,2008 (10).

志,却有着沉甸甸的分量。

案例 6.2　远远地将蝴蝶卡片飞过去[①]

"接下来我们就来做一个抢答游戏,答对的同学奖一只台湾蝴蝶。"乙老师在执教《祖国的宝岛台湾》一课时,设计了若干个抢答题,让学生更好地了解台湾丰富的物产。课堂上,乙老师一手拿话筒,一手拿蝴蝶标志,在学生答对之后,腾不出手,只好单手将奖给孩子。也许是因为时间紧迫,当坐在后排的一位孩子答对题目之后,老师只好远远地将蝴蝶卡片飞了过去,结果,蝴蝶卡片掉在了地上……乙老师简单地道了个歉,接着又马不停蹄地报下一个题目。而那个得到卡片的孩子,则在捡起卡片之后,随手将卡片塞进了抽屉。

案例 6.2 中,乙老师对学生的奖励则显得颇为随意。乙老师只顾自己的教学任务,忙着在规定的时间内完成教学预设,而对于学生抢答正确的奖励,要么单手随意地奖给孩子,要么将卡片远远地飞过去。对于这样的小小奖励,学生得之过易,能够给学生带来的愉悦、快感也很有限,对学生的心灵也没有产生多少触动,这样他们也就不会那么重视,不会那么珍惜。在案例 6.2 中,有一个学生拿到卡片后的表现,就是很好的证明。我们分明看到,这一个得到卡片的学生,随手就将卡片塞进了抽屉,似乎连多看一眼的兴趣都没有。

对比两个教师实施奖励的例子,我们可以发现,同样是小小的符号奖励,却在不同的教师的手中,产生了截然不同的教育效果。第一个例子中,被奖励的学生感受到了教师的尊重,这份小小的奖励在其心中有着重要的分量。小小的奖励不仅是对学生良好表现的肯定,让其感受到帮助他人带来的自豪、快乐和幸福,而且能够激励这位学生将这一行为继续保持

[①] 陈红霞. 关注细节,凸显教师的"品德味"[J]. 小学教学研究,2008 (10).

下去。至于有着诸多象征意义的"友谊星"标志，这位学生也会非常珍惜。

第二个例子中，乙老师试图用奖励蝴蝶卡片的方式，来调动学生们参与抢答的积极性，让课堂教学更具生机和活力。遗憾的是，乙老师在小小奖励的实施过程中，忽略了对学生进行奖励的细节，使奖励看上去是那么的随意。当教师单手将蝴蝶卡片递给学生的时候，当教师将蝴蝶卡片远远地飞向学生的时候，蝴蝶卡片的重量似乎变"轻"了，这使它很难承载更多的象征意义。教师诸如此类的行为细节，传递给学生的信息可能是：在老师心目中，这样的奖励不是很重要；在老师眼里，并没有真正把学生当成平等的主体来看待；在老师的内心深处，并不觉得要时时处处做到尊重学生。于是，蝴蝶卡片在学生心中仅仅是蝴蝶卡片，它并没有多少值得学生珍惜的"附加值"，学生也就不会郑重其事地珍藏这一奖励。

同样是小小的符号奖励，为什么会有如此截然不同的结果？通过刚才的分析，答案已经呼之欲出。甲老师的成功，与其重视奖励的细节有着密切的联系。透过这些具体的行为细节，我们看到的是甲老师对学生发自内心的尊重，感受到的是甲老师对教育事业强烈的责任心。甲老师发放小小奖励的情节，充满着温馨，细节之处洋溢着一种叫做尊重的味道，不禁让作为成人的我们也为之一动；乙老师对抢答正确的学生发放奖励的初衷是美好的，也许乙老师觉得简化奖励过程是由于时间的紧迫，其本心并没有多少轻视学生的意思，但由于对奖励过程中若干细节的忽视，致使原本学生们都喜欢的奖励失去了色彩，令人不禁扼腕叹息。

通过分析两个教育效果截然不同的奖励，对比我们的教育工作，我们可能会发问：自己在发放小小奖励的时候，要注意哪些细节、做好哪些细节呢？这个问题没有统一的、以不变应万变的答案。案例6.1中甲老师处理细节的若干做法，当然是值得我们学习的，但更重要的是，我们要学习这位老师对待学生奖励的态度。有了尊重学生的强烈意愿，才能在奖励的过程中，把尊重转化为具体的、让学生感动的行为细节。

> **点睛笔：**
> 1. 奖励的发放者充分尊重被奖励者。
> 2. 老师对学生的尊重应渗透到言语和行为细节中。
> 3. 教师为学生设置的小小奖励不能让学生觉得得之过易。

7. 默默暗示，无声批评

在学校教育情景中，如何让犯错或违反纪律的学生，主动改正自己的行为习惯，是令不少教师头疼的问题。教师对犯错误的学生，通常会这样训斥："你怎么能这样做呢？""是谁让你这么做的？""我告诉你，你以后不许这么做！"[1] 我们知道，严厉的口头批评，可能会收到一时之效，可能会对很多学生起到"威慑"作用，但是，一味的、单调的言语批评，绝非教育学生的"万金油"，过度的、不合时宜的批评，还可能会适得其反。对于教师而言，批评学生要讲究艺术，要掌握一些特殊的批评方式。在很多教育场景中，一些别出心裁的教育批评，可能在轻描淡写的师生互动中，将批评转化为对学生的鼓励和鞭策，从而更好地帮助学生明辨是非，尽快改善自己的不良行为。

在真实的学校教育情景中，很多教师因材施教，根据学生特点，采取无声的批评教育方式。我们知道，很少有学生是故意犯错误和违反纪律的。学生犯错误或违反纪律，一般知道自己行为是不对的，但克制不了自己的行为，明知是错还是忍不住犯了错。遇到学生犯错误或违反纪律的现象，教师大可不必大发雷霆，有的时候教师只需要靠近违反纪律的学生，不必说话，用几个眼色，就可以暗示学生，自己已经了解情况了。教师通

---

[1] 严育洪. 这样教书不累人 [M]. 北京：教育科学出版社，2009：160.

过恰当的非言语行为，以无声的方式，发挥直接的严厉批评所难以达到的教育成效。

下面，我们将结合一则案例，具体探讨一下无声批评中的教师行为细节。

案例7.1 沉默的三分钟[①]

记得一次在两分钟预备铃时，两个男生大声逗笑。我走进教室，他们立刻停了下来，低头抓起笔。我无声地走到他们的座位旁，默默站立了足有三分钟，以一种难过的眼神看着他们，他们的脸红了，放在桌子上的两只手拘束地动着，最后竟双手捂着额头趴在了桌子上。我没再言语，继续上课。下课后，当我再次这样看着他们时，这两个学生主动跑到我面前说："老师，对不起，以后我们不会了。"我没有说什么，却使两个逗笑的学生主动承认了错误。这时你用上一种大智慧的暗示——沉默，它能令你收到事半功倍的效果。

这使我回想起很多类似的事情：课间几个学生在教室内大声喧哗，我走进教室站到讲台上，喧哗声没了；升旗仪式上两个学生在小声嘀咕，我走到他们跟前，嘀咕声没了，然后我笔直地站在他们旁边，目不斜视地认真听着主持人说话，然后不经意回头时，发现他们会比任何人听得还认真；单元练习一个学生要看同桌的答案，我慢慢走到他跟前，这个学生脸红了……

该省则省，无声胜过有声；当省不省，有声不如无声，身教重于言教。这就是"沉默"教育，这也是一种教师的人格暗示。

案例7.1中，教师成功地运用了无声批评的艺术，帮助学生认识错误和改正错误。教师运用无声批评的行为细节，可以分解如下。

---

① 本案例由上海市宝山区宝山实验小学周莉老师撰写.

第一，无声地走到破坏纪律的学生座位旁。上课预备铃声响起来了，提醒学生要安静下来，做好准备，迎接老师上课。案例 7.1 中，两个男生大声逗笑，忘乎所以，不管不顾课堂纪律。教师可能远远地听到了他们的声音，在进入教室前已经想好了对策——通过无声批评的方式，帮助学生认识到自己的错误。这个对策的第一步，就是教师无声地靠近学生。在这一行为细节的背后，我们可以略微感受到，教师对于无声批评学生这种方式，或许早已经胸有成竹；教师或许也控制好了自己的情绪，即便对于学生公然违反纪律有点生气，但至少不被生气的情绪所左右。

第二，默默地站立，并以难过的眼神打量。教师无声地靠近学生之后，并没有严厉地训斥学生，而是默默地以难过的眼神看着学生，并且持续了三分钟之久。教师以默默站在学生旁边看着学生的方式，代替了在全班学生面前批评、告诫违反纪律的学生，这一具体的行为细节，照顾到了学生的情面和自尊，降低学生对批评的抵触情绪。

试想一下，两个逗笑的学生，在没有任何心理准备的情况下，发现教师突然出现在自己的身边，内心是多么的紧张，多么的忐忑不安。他们或许以为，一次挨训的经历可能少不了的。然而，他们等来的是，教师沉默地注视着他们。教师这一具体的行为细节，虽然是一言不吐，但用难过的眼神较长时间地注视学生，确实能让学生受到心灵上的震撼，并给学生一定的时间及时地反省自己的行为。

第三，下课后，再以无声的目光看着学生。发生在课前的小插曲，在教师默默注视中波澜不惊地度过了。教师当然觉察到他们的不安和他们的反省，然而，美中不足的是，由于时间的限制，这无声的批评似乎火候还差那么一点点。下课后，教师延续了无声的批评，继续以难过的眼神看着学生。在与教师沉默的目光交流中，学生主动跑到教师面前，承认了错误，道了歉，并且决定改正错误。教师这一具体的行为细节，在学生心灵受到震撼之后,继续趁热打铁,将无声的批评进行到底,使得批评收到了最佳的教育效果。

无声批评是一种教育的艺术。无声批评的背后,是教师运用沉默的力量,给予学生无声的暗示,而不仅仅是用无言的目光注视那么简单。在教师默默的暗示中,照顾到了学生的自尊,感动了学生的心灵,促进了学生的反省,提升了教育的成效。与此同时,教师的沉默,营造了良好的教育氛围,赢得了学生的好感,美化了自己在学生心目中的形象,提升了自己的人格魅力。

点睛笔:
1. 过度的、不合时宜的批评,极可能适得其反。
2. 无声批评是一种教育的艺术。

8. 巧妙警示，间接批评

对于犯错误或违反纪律的学生，教师除了运用无声的方式进行教育批评外，也可以运用一些警示的方式，进行间接的、侧面的教育批评。带有警示意义的间接批评，避免了直接批评时教师可能存在的情绪激动，减少了学生面对直接批评时可能存在的内心对抗，使学生更容易认清自己的错误，接受教师提出的改正建议，并且会留下深刻的印象。当然，间接批评的具体形式有多种，运用警示意义的话语或象征物，只是其中的一种表现形式。之所以重点探讨这种形式，是因为带有警示意义的间接批评，能够带给学生更多的心灵冲击，留下更加深刻的印象，得到更好的教育效果。

下面，我们将结合一则案例，具体探讨一下以警示形式进行间接批评时，教师需要注意的若干行为细节。

案例 8.1　红色小旗与"红牌出场"[①]

"六一"儿童节是属于孩子们的节日，学校每年都要举办艺术节。对于孩子们来说，这是他们自己的舞台，将会在他们的童年时光中留下缤纷绚丽的记忆。我们班决定要排练一个节目。在孩子们热情地催促下，节目排练要开始了。我让孩子们星期六上午8点钟到学校集中，他们兴高采烈地答应了。

---

① 本案例由上海市宝山区虎林路小学金蓉琴老师撰写.

星期六上午，7点50分，我来到学校。有些同学已经来了。闲聊中，很快到了8点，同学们陆陆续续地来了，清点一下人数，少了3个学生。给她们三人打电话，没想到，家长说一早就出门了。

八点半，3个女生姗姗来迟。我克制着自己，拿出一面红色的小旗，意味深长地说："这是我'奖'给你们的。"

在她们准备挨批的脸上，现出惊疑的神色。

"为什么给你们红色小旗呢？"我问。

她们面面相觑。于是，我告诉她们，体育比赛中有一种处罚叫"红牌罚出场"，意味着犯了极严重的错误要退出比赛。同时我也告诉她们，守时的人才能获得别人的信任，才能获得更多的机会。以后每次排练，我都会提醒孩子们："希望没人得到我'奖励'的小旗。"孩子们牢牢记住了那个红色警报，再也不迟到了。

案例8.1中，教师把红色小旗"奖"给不守时的学生，间接地批评了犯错误的学生，其中，教师具体表现出的行为细节，有以下几点值得我们学习。

第一，教师克制自己的情感，拿出准备好的红色小旗。三个学生没有正当理由却姗姗来迟半个小时，为学生排练节目付出大量心血的教师，或许已经怒火中烧。教师生气的同时，并没有失去应有的冷静。在短暂的时间里，教师已经想好了批评学生的好方式。

当教师拿出红色小旗的时候，对学生的错误行为也就开始了间接的批评。教师拿出红色小旗的这一行为细节，使得批评教育进入了一个特殊的形式。学生原本以为无故的迟到，会引发教师的勃然大怒，而当学生看到小红旗时，确实也感到很惊奇。这对下一步的学生教育，是一个很好的开端。

第二，教师用意味深长的语气，说出红色小旗的用途。红色小旗是干什么用的？这个问题让学生感到有点茫然，但这个问题却是学生感兴趣的。显然，学生也清楚教师拿出小红旗，并不是因为自己的迟到不是错。教师自己回答了这个问题，教师的答案是，小红旗隐喻的是体育比赛中的"红牌"，"奖"红色小旗意味着对学生迟到行为的严重警告。

教师对于发放学生红色小旗原因的自问自答，调动了学生的好奇之心，同时又满足了学生的猎奇心理。但是，教师这一行为细节的意义绝不至于此，教师借助于巧妙的设问，对学生的错误行为提出了警示，间接地批评了学生。而且，如此间接的批评，对帮助学生改正错误的影响力，或许比直接的严厉批评来得更加深入和持久。

第三，在以后每次排练时，教师都提醒学生注意纪律。教师给三位迟到的女生发放红色小旗，对于当事人而言，印象自然是无比的深刻的。而对于旁观的其他学生来说，或许感到一点点新奇，事情发生过后也可能会很快淡忘，因为毕竟没有经历担心受到严厉批评的"切肤之痛"，也没有经历收到带有警示意义的小红旗时的惊疑和尴尬。教师在之后每次排练时，提醒学生不要因为迟到而得到红色小旗。教师有意而为的行为细节，不但巩固了对三个迟到女生的教育效果，也扩大了这一教育效果在全班的辐射效应。

当然，教师每次提醒学生这一行为细节，也有值得讨论和商榷的地方。教师是否有必要每一次都特意提醒学生？教师每一次提醒的背后，多少有点对学生自觉遵守纪律的不信任，而且还把这种不信任明显地表现出来了。或许，偶然提点一下，也能收到良好的效果，同时又不易让学生觉察到教师对自己的不信任。

间接批评的运用，有点类似于兵法中的"声东击西"，即将原本直接的批评，迁移到谈论其他相关的事情之中。案例8.1撰写者在反思这一案例时谈到，"在上述事件中，我就借用了学习上培养学生迁移能力的方法，在批评教育上也采用了迁移艺术"。间接批评中运用迁移方法的目的，则是"让批评诗意地栖居在孩子的心灵中"。

延伸阅读

下面，我们再来阅读一则相对完整的、关于间接批评的案例。

案例 8.2 中，女生韩韬瞒着父母，让奶奶在不及格的试卷上签了字。事后，她虽然及时向父母承认错误，但父母却生气地批评她。韩韬把这件事通过周记告诉老师后，老师并没有如她担心地直接批评她，而是通过晨会课时间的讨论，表扬学生勇于承认错误的行为。对她犯错误的批评，则是隐藏在作为主旋律的表扬之中，用一笔带过的方式进行了间接的批评。

案例 8.2　换一个角度，她还是个好孩子[①]

故事的发生

一天，我在阅读学生的周记时，其中一篇引起了我的注意。这是班里一位叫韩韬的女生写的，写她在奶奶家吃饭时，因为语文测验只得了 59 分，担心受到父母的责怪，就叫只会写自己名字的奶奶在考卷上签了名，回家后瞒过了父母。可心里总是忐忑不安，最后还是鼓起勇气向父母承认了错误，而父母为此很生气，于是她把这件事写在了周记上。周记的最后一句是："不知老师知道后会不会批评我？"看了周记，我陷入沉思：韩韬是一个非常敏感、胆小的女孩子，如今她能把自己的心里话说出来，已经是很不容易了。这时候的她是多么需要老师的理解和引导啊！如果处理不当，势必会伤害到她稚嫩的心灵。那么，怎样才能巧妙地让她既明白老师对这件事的看法，又不会产生负面影响呢？

又到了晨会课时间。我在黑板上大大地写上"该不该批评"几个字。

[①] 本案例由上海市宝山区月浦三小苏萍老师撰写.

同学们都疑惑地看着我，我笑着说："同学们，老师有一件事想请你们帮忙。""什么事呀？"学生们都忍不住问道。"是这样的，我认识一个好孩子，她平时学习很认真，为人很诚实，可是，这一次测试后……"我把周记中发生的事情娓娓地道给学生听，边说边观察。韩韬的脸渐渐红了，头也不敢抬起来。讲完后，我问："同学们，你们认为这个孩子该不该批评呢？请谈谈自己看法。"

学生们热烈地讨论起来，纷纷发表自己的观点，最后得出统一的结论：不该批评。等大家平静后，我笑着说："同学们都说得很好，我很赞同。尽管这孩子做了错事，可是她能鼓起勇气承认，并决心改正，这就是一个好学生。我相信我们班的同学在今后的学习中，都会成为这样的好学生，是吗？"我说完朝韩韬微微一笑，只见她正专注地听着，脸上露出了会心的笑容。

故事的分析

允许孩子有犯错误的经历，有了这种"自己教育自己"的经历才有可能在将来少犯或不犯错误。根据心理学的研究，创设一种愉快、活泼、和谐协作、积极向上的教育气氛，以及建立一种相互尊重、理解关心和信任的人际关系，仍是有效内化的首要条件。

每个事物都有两面，老师应看到的是光明的那一面。在这件事中，教师采用的是兵法中的"迂回战术"。对于犯"错误"的学生来说，他们都有一定的心理压力。韩韬同学一贯表现较好，且性格内向，她希望在父母面前做个好孩子，这个动机没有错，只是方法不妥。她能主动向父母承认错误，对于她来说是一个了不起的做法，应该表扬才对。如果采用直接说教的方法，也会产生一定的教育效果，但不会彻底打消学生心中的顾虑。在某种意义上说，教师是通过"舆论"来达到自己的教育目的的，这对于教育那些偶犯"错误"又性格内向的学生是一种好方法。

学校和家庭在教育方面还存在差异，家长娇惯子女，望子成龙或恨铁不成钢的心情我们可以理解，但有时方法不当。教师更应该及时采取措施，弥补家庭教育不足带来的遗憾，与家长要多沟通，让家长了解一些教育常识，理解孩子、尊重孩子，以达到家、校之间共同育人的目的。作为教师，关键是要走进学生的心灵深处，站在孩子的角度看孩子，理解他们、尊重他们、解放他们，还孩子一个愉快的童年。

故事的思考

第一，了解心理状态是了解学生的心理的必由之路。我们都承认，要搞好一切教育工作，必须了解学生的心理特点和规律。我们只能直接地观察学生的心理状态，然后透过某种心理状态，由表及里地觉察学生相应的心理过程或个性特征。比如，要了解学生情感特点与规律。只有借助于对学生心理状态的观察与了解，才能更好地达到教育目的。要了解学生的心理过程与个性特征，就必须了解其形之于外的种种心理状态。

第二，巩固积极心理状态，消除消极心理状态是培养学生心理素质的根本途径。在日常的教育活动中，要及时地对积极的心理状态予以强化，以促使它们逐步地稳定下来，同时又要及时地把消极的心理状态扼杀在襁褓之中。教师要努力帮助学生将积极良好的心理状态巩固下来，并利用积极良好的心理状态，去克服消极不良的心理状态。

第三，形成良好的教育气氛是搞好心理教育的必要条件。我们认为，心理状态与教育气氛是互为因果的。一方面，教育气氛即心理气氛是由个人和群体的心理状态所生成的，没有后者，就没有前者；另一方面，一定的教育气氛又会孕育出相应的心理状态，没有前者，就没有后者。这样看来，在心理健康教育中，我们就应当培养学生积极的心理状态，以形成良好的教育气氛；又要建立良好的教育气氛，以巩固积极的心理状态。

还要指出的是，在建立良好教育气氛的过程中，必须特别注意建立良好的人际关系；可以说，没有良好的人际关系，要想形成良好的教育气氛是不大可能的。教育气氛中的人际关系主要是：师生关系和同伴关系。这两种人际关系都是以心理状态为基础建立起来的。也就是说，无论师生或同伴，他们都是通过各自的心理状态而彼此影响、相互沟通的；心理状态（特别是情感状态）乃是建立良好人际关系的纽带。而所谓良好人际关系的标志是：相互尊重、理解，彼此关心、信任，和谐协作，团结合作，愉快活泼，乐观向上等等。很明显，这种种良好的教育气氛与人际关系，乃是个体与群体的积极心理状态的集中表现，也是处理各种事件的关键。

第四，教无定法，育无定法，以实定法。心理健康教育没有固定的模式，也没有现成的方法。特别是通过调整心理状态来进行的心理健康教育，更是如此。因为心理状态是不稳定的，它可以由不同的主客观因素所引起。在心理健康教育中，我们必须因时、因地、因人、因事而制宜，切不可千篇一律，一成不变。"以实定法"的实质是，要求教师善于把科学性、艺术性与创造性三者融合于一体。

点睛笔：

1. 教师巧妙警示、间接迁移批评，减少学生面对直接批评时的内心对抗。

2. 教师不经意间提醒也能收到良好的效果。

9. 转移话题，迂回批评

对于成长发展过程的学生，他们一般不喜欢教师对他们直接批评，尤其是那种灌输式的批评。假如教师对学生进行教育批评时，适当地转移直接批评的话题，运用迂回批评的策略，那么就比较容易消除学生对批评的排斥心理，起到良好的教育效果。迂回批评的策略，在具体的运用过程中，有不少的操作方式。犯错误或违反纪律的学生，在面对教师的时候，可能会感到胆战心惊。而假如教师把直接的批评，转换成"如果我是你，我可能会这么做"，或许就能达到一种委婉的语言效果，让学生更容易接受你的批评与建议。[①] 因为教师使用这种特殊的方式进行"批评"，学生会感到老师是站在自己的立场上提出合理的建议。

下面，我们将结合案例的分析，具体探讨一下迂回批评中的教师行为细节。

案例 9.1　与老师一起分享好书[②]

一次上课，一个学生在偷偷地看小说。我不动声色地走过去，对他微微一笑，他不好意思地连忙收起了小说。下课后，他等着受训。我微笑着摸着他的头说："你喜欢读书，老师也非常爱读书，看来今天老师是找到知音了。今后有什么好书，可要与老师一起分享哟！"他惊讶地点了点头。

[①] 严育洪. 这样教书不累人 [M]. 北京：教育科学出版社，2009：161.
[②] 严育洪. 这样教书不累人 [M]. 北京：教育科学出版社，2009：148.

这以后，他上课认真了，而且有什么好书就送给我看，我有什么好书也送给他看，还一起交流讨论。

案例9.1中，教师巧妙地运用了迂回批评的艺术，不仅帮助学生认识错误和改正错误，而且激励了学生爱读书的这一行为。教师运用迂回批评的行为细节，可以分解成如下几个环节。

第一，在课堂用微笑来示意偷看小说的学生。课堂中发生学生不认真听课的现象，教师并没有花费时间对此进行专门的批评，也没有及时没收学生不认真听课的"证据"。教师假如以牺牲课堂教学的流畅为代价，特地停下来批评偷看小说的学生，且不用说这一举动影响了其他学生听课，即便对于被批评的学生来说，他内心能否不带抵触接受教师善意的批评，以后能否因为这一次批评就杜绝在课堂中看书，这还是未知的事情。

当教师发现学生在课堂中偷看小说时，只是不动声色地走过去，报以微微一笑，实际上教师利用拥有的权威，以无声的非言语行为提醒了学生：老师已经发现你偷看小说了，接下来要注意认真听课。如果教师对学生的教育批评到此为止，那么我们也可以理解为这是对学生进行无声批评的一种方式。但显然，下课后的师生交流，才是教师对学生进行教育批评的重点。

第二，下课后通过提建议转移违纪这一话题。在课堂教学结束之后，教师与犯错误的学生进行了更多的交流。学生根据自己的经验，以为教师会训斥他不遵守课堂纪律，教师却微笑摸着学生的头。教师这一和善之举，大大消除了学生的担心。而教师接下来说的话，即"老师也非常爱读书，看来今天老师是找到知音了。今后有什么好书，可要与老师一起分享哟"，更是让学生受宠若惊。教师言行当中表现出来的行为细节，体现了教师精湛的教育艺术；教师言行之中流露出的真诚，更是拉近了师生之间的距离，也会深深地打动学生。

在这个过程中，教师借助建议学生有好书与老师一起分享，巧妙地"转移"了学生违纪这一话题。这里所说的"转移"，并不是完全避开了学生的课堂违纪，根本不管学生课堂违纪这一码事；这里所指的"转移"，只是避免了直接的、严厉的言语批评或是强行没收小说。实际上，教师不用说什么，学生肯定也知道上课不应该看小说。教师转移话题，也可以理解为迂回地"批评"了学生。而这样别出心裁的"批评"，恰恰是更有成效的。

第三，师生间坚持相互分享好书和交流讨论。教师对学生提出分享好书的建议，不是为了取悦学生而说说罢了。在以后的师生交往中，教师坚持与学生相互分享好书，并且就读书的内容进行交流讨论。教师坚持的行为，反映了教师对学生作出承诺后的一种良好态度。教师的这一做法，不仅促进了学生养成良好的读书习惯，而且还巩固了迂回式教育批评的效果。正如案例中描述的，这位曾经违反课堂纪律的学生，在以后的上课过程中变得认真了——不仅不再在课堂中偷看小说，而且也不会因为其他原因，在课堂中开小差。

下面，我们再结合一则案例，来看看教师如何用自己的信任、期待来迂回地教育批评学生。

案例9.2　把它倒过来[①]

东最近连着几次没好好完成作业，我决定找他谈谈，并尝试我最近一直在思考的"把它倒过来"的方法。

我先让他在一张白纸上写下自己最近哪几次作业没做。他老老实实地写了下来：1. 星期一，练笔没写；2. 星期三，练习册少做了；3. 星期四，阅读短文没做。写下这三点，他停下笔，说："老师，我保证以后不

[①] 倪凯颜. 教师的思想与教师专业发展案例研究［J］. 江苏教育，2008（9）.

逃作业了。"我知道，他是在程式化地应付呢，好让我早点放他回教室。

我摇了摇头。他低下头不再吭声，等着我对他的教训。我提起笔，在他写的三点后面，添上了"4""5"。

他惊讶地望着我，着急地说："老师，最近只有这三次，没有了，真的没有了。"我搭着他的肩膀："别着急，老师知道这三点后面没有了，也相信你以后再也不会有了。"

东抿了一下嘴唇，有种如释重负的感觉。

"对于你来说，以前，逃作业已经成为了一种习惯。老师知道你很讨厌它，也想甩掉它。但有时候，坏习惯会牢牢地抓住你，只要你一不留心，它就会乘虚而入，又钻到你身上。"

东愣愣地看着我，眼神中分明写满了"为什么"。

停了一下，我又继续说："老师相信，你有决心与这个坏习惯断交。但老师还是允许你有时候会一不小心让坏习惯钻了空子，就给你写上这个'4'和'5'吧。有了它们，到时你就自己往下添，提醒自己。但那时老师肯定一点不会责怪你，因为这是我允许的。"他更惊讶了，眸子里闪着晶亮的光芒。

"老师相信：总有一天，你会完全战胜它，不再需要我给你往下添数字。孩子，认真想一下，你希望老师给你往下再多添几个数字？"他哽咽了，咬了咬嘴唇，认真地说："不，老师，不要再添了。"说完，泪珠滚出了眼眶。我轻轻为他抹去了泪水。

一个星期来，他再没逃过作业。

案例9.2中，教师所谓的"倒过来"批评方法，实际上也是一种迂回批评的方式。案例中，教师并没有在明面上批评学生一句，但收到了简单的直接批评所难以达到的效果。案例中，我们需要注意的教师行为细节有：

其一，教师让学生写下最近几天的没做作业的情况，并且在学生写下的三点之后加了空白的两点。这一行为细节将批评反其道而行之，并且成功引起了学生的好奇心。

其二，教师解释了写下数字"4""5"的原因，同时也表达了对学生改正行为习惯的信任。教师的解释入情入理，对学生的信任和期待也是发乎真心。教师的一番话，成功地打动了学生，坚定了学生改正错误行为的决心。

其三，在学生被感动得流泪之后，教师轻轻地为学生抹去了泪水。教师通过这一行为细心，继续表达了对学生的关心，进一步拉近了师生之间的距离，使学生更愿意"亲其师，信其道"。

严格地说，迂回批评也是间接批评的一种方式。迂回批评区别于一般的间接批评，在于教师对学生的错误行为进行的批评，或许更加的不露声色、不着痕迹，或许教师的言语中一点都不提要学生注意、改正自己的错误。迂回的教育批评，可以体现在教师对学生的建议当中，可以体现在教师幽默应对学生错误的行为之中[①]，也可以体现在教师对学生的宽容、信任和期待之中……

延伸阅读

下面，我们将继续阅读一则相对完整的案例，进一步来体会如何在细节之处做到迂回的教育批评。

案例9.3中，面对学生小涛在课堂中看课外书，教师并没有停下课来严厉批评，而是用轻拍学生肩头的方式进行提醒。这一无声的批评，却没

[①] 幽默的批评方式，也体现着教师的智慧。例如，面对学生的迟到，教师可以说，"我想，是我来得早了一点"！针对有的学生在课堂上敲桌子影响课堂秩序，教师可以说，"我讲课的时候不需要伴奏的"。

有收到预期的效果。好在教师克制了怒火，在全班学生面前谈起课外阅读与提高作文水平的关系，并借机以表扬的方式迂回"批评"了学生小涛。教师这一行为细节，使教育批评具备了艺术色彩，避免了可能发生的师生冲突，收到了良好的教育效果。

案例9.3　学会制怒，情理交融[①]

语文课上，同学们都在津津有味地听我讲解课文，突然，我发现坐在后排的小涛同学低着头，不知在干什么。于是，我不动声色地绕到他身旁，发现他在看课外书。我没有停下课来批评他，而是在他肩头轻轻拍了拍，以示提醒。原以为这样做，他一定会有所收敛，可他却不"领情"，过了不到五分钟，我发现他又把课桌内的课外书拿了出来。这时，一股无名之火涌上心头，我真想冲上去，把书没收了，并狠狠批评他一顿。可转念一想，如果真这样做的话，学生只是迫于老师的威严而暂时收起了书，心中不会真正服气，或许从此会形成师生对峙的局面。

于是，我告诫自己冷静下来，说："今天我们从文中学到了不少好词好句，如果要想使自己的作文水平有所提高，不仅要在课内认真学习，课外也要进行大量阅读，这一点，我们班的小涛同学做得较好。他平时就经常阅读一些课外书籍，大家也一定注意到他在课间捧着书细细品味吧！老师希望大家向他学习，做一个学习上的有心人。"在同学们赞许的目光中，他低下了头。下课后，他主动向我承认了错误。我摸了摸他的头，笑着说："知错能改，这才是好学生。"……

学生的思想教育是一项极其复杂的工作。一次次苦口婆心地劝说，没收不完的一本本课外书、一件件小玩具，劈头盖脸地当众怒吼一顿……

"心急吃不了热豆腐"，虽然这一切都是为了学生着想，为了班级着

[①] 本案例由上海市宝山区月浦新村小学王建花老师撰写.

想，虽然这一切都出于一个"爱"字，但学生未必真心实意地听从教诲，往往左耳进，右耳出。从心理学角度分析，大多数学生具有强烈的自主意识和自我独立精神，受自尊心的强烈驱使，在多数情况下，他们更愿意接受别人的赞扬，不愿意接受别人的批评，甚至于一时负气出现逆反心理的行为，这给老师工作带来严峻的挑战。多年的教师工作，使我深深体会到：应该学会制怒，情理交融，这是老师应有的素质。

苏霍姆林斯基说过："凡是出现大声叱责的地方，就有粗鲁行为或情感冷漠的现象，大声叱责，表现出最原始本能的反应，每一个教师心灵中能具有的情感素养的种子，都会在这样的反应中丧失殆尽。"由此可见，批评不仅是一种武器，也是一门艺术。我们知道，随着时代的发展，社会的进步，人的社会化、人格化、个性化，教师再也不是严加看管的"警察"，居高临下。暴风骤雨般的批评，只会使一些犯错学生口服心不服，有些性格倔强的学生还会"顶嘴"、"逆反"。因此，教师应从关心学生、尊重学生的意愿出发，平等地对待学生，与学生建立和谐融洽的师生关系，当学生的知心人，做学生的良师益友，并仔细发现学生身上的"宝藏"，捕捉其闪光点，及时表扬，触动其内心，让他们明白什么样的行为是正确的，什么样的行为是错误的，这样，才能达到最佳的教育效果。

点睛笔：

1. 教师对学生进行教育批评时，适当地转移直接批评的话题。

2. 迂回的教育批评，可以体现在教师对学生的建议当中，可以体现在教师幽默应对学生错误的行为之中，也可以体现在教师对学生的宽容、信任和期待之中……

10. 教师"违规"借分给学生

在学校教育生活中，教师可能会遇到这样的情况：有的学生提出一些不合规章制度但也有一定情理的要求。学生之所以会提出这样的要求，说明这个学生已经认识到自己存在的问题，也明白自己提出的要求是不符合规定的，但是，学生也有自己的苦衷，是不得已而为之。对有的教师来说，学生这样提出的要求，或许会感到一点为难，或许是有点愤怒，或许会无动于衷。

如果是一个智慧的教师遇到这样的情况，我想，这位教师可能会感到一点点挑战，但更觉得这是一个非常好的教育契机，是对学生施加深刻的教育影响的难得机会。因为处理好这样的教育细节，其好处是显而易见的，甚至是立竿见影的。

首先，会加强学生对教师的心理认同。学生提出不合规定的要求，往往其内心也是忐忑不安的，是鼓起勇气克服心理障碍后的一次尝试。在这个时候，他们特别希望教师能够体谅他们、宽容他们，能够接纳他们小小的诉求。如果教师能够耐心地倾听他们的理由，在合情合理的前提下，给予学生一点小小的让步，那么，学生的心理诉求就会得到满足，对教师的行为和教师个人产生强烈的心理认同。

其次，会加深学生对自己错误的认知。学生提出不合规定的要求，并不一定是他们对自己错误和不足的无视，相反，他们往往是认识到了自己的问题，但是，他们却难以承受犯错误后的惩罚。在提出不合规定要求之前，学生已经对自己犯的错误与可能会受到的惩罚之间，作了反复的比较和衡量。在这种情况下，教师如果加以智慧的应对和适当的引导，学生就会深刻地认识自己的错误。

最后，会促进学生今后的进步。教师对学生不合规定要求的"妥协"，一般不会是无原则地纵容学生的错误，而是在合情合理范围内宽容学生的不足。在这个过程中，教师也可以附带地提出一些交换条件，并在后续的时间中让学生遵守约定。对于教师的大度和体谅，学生一方面会有感激之情，另一方面也会把这种感动转化为进步的动力。这样一来，学生的某些方面的行为，就会得到较大的进步。

下面，我们将结合对一则案例的阅读和分析，来具体讨论一下教师面对学生提出不合理要求时，需要注意的若干行为细节。

案例 10.1　借一分还十分[①]

一个学生期中考试数学考了 59 分，而他的父母要求他必须考及格，否则就得挨揍，所以他十分着急地找我："老师，求您给加 1 分吧。""我可以给你加 1 分，"我说，"不过，这 1 分是老师借给你的，还的时候需要加息，借 1 分还 10 分，期末考试时，我会从你的成绩中扣 10 分，你愿意吗？"他欣喜地答应。期末考试他竟然考了 81 分，我遵守约定扣下 10 分后，又因为他进步大而奖励他 10 分，最终是 81 分。

案例 10.1 中，教师的教育行为细节，有哪些方面值得我们细致分析，值得我们学习借鉴呢？

第一，耐心地了解学生要求加分的缘由。学生十分着急地找老师，请求教师给自己的数学成绩加上 1 分。尽管这件事看上去不合乎规定，但学

---

① 严育洪. 这样教书不累人［M］. 北京：教育科学出版社，2009：149.

生明知故犯，肯定有其逼不得已的理由。故而，教师对于学生贸然提出加分的请求，并没有不问缘由，直接批评学生，回绝学生的请求。教师的做法的可取之处在于：耐心地了解学生之所以这么做的原因。果然，学生要求加分，并不是学生一时冲动，而是有着背后的故事，即害怕考试不及格回家会挨揍。

第二，借分给学生时提出附加的条件。对于学生合情不合理的请求，教师经过考虑，还是答应借分。但这显然不是重点，教师充分利用借分给学生的机会，掌握了教育的主动权，趁此教育良机提出借分要还，并且要还息的"合理"要求。这一行为细节，不仅让学生知道要有借有还，而且要还利息。教师的高明睿智之处，在于满足学生一个不合理的要求之后，对学生提出另外一个合理的要求——即借1分还10分。更为关键的是，学生还觉得这个要求是能够接受的，也是应该接受的。

第三，期末成绩扣分后再奖励分数。教师的宽容和借分，确实促进了学生学习成绩的提高。到了期末，原本期中考试成绩不及格的学生，竟然考了81分。可以说，学生取得了非常大的进步。这样的分数，用于偿还期中考试时借分所欠下的10分，当然是绰绰有余了。教师应该为学生的进步感到了欣喜，不过，还是如约扣除了学生的10分。事情发展到这里，似乎也可以结束了——学生遵守约定，连本带息还了10分；教师也巧妙地利用借出的1分，换来了学生学习上的一次跨越式进步。

但是，事情如果这样结束，那么似乎还留下了小小的缺憾，似乎还不是那么的完美。在案例10.1中，教师在扣除学生10分后，又因学生学习进步大，奖励了他10分。这样，学生最终的期末成绩还是81分。教师如此的细节处理，既带头遵守了约定，又对学生的进步进行了奖励，把扣的分数以奖励的方式还给学生。教师的行为细节，充分体现了教师的大度和智慧。教师这样的行为细节，可谓一举多得，何乐而不为呢？

下面，我们再来看一则教师对于学生不合规定要求处理不当的案例。

案例 10.2　迟到都要马上做俯卧撑[①]

上课铃已经打过了，一位女生满头大汗地跑到我面前，说："老师，我迟到了。"我只说了句："8个俯卧撑！"她恳求道："可以让我课后补做吗？"我板着脸孔说："大家都一样，迟到都要马上做俯卧撑。"女同学无可奈何，一边流着眼泪，一边在全班同学的面前做完了俯卧撑。这件事处理后平静了较长时间，但后来发现，这个女同学由原来的合群开朗变得孤僻起来，怕见老师，怕上体育课。

案例10.2中，教师对于学生的恳求，应对得并不高明，结果造成了师生之间隐性的文化冲突，恶化了师生关系，影响了学生的成长发展。案例中教师回应学生要求的不当之处，反映在以下的一些细节之中。

第一，没有细致分析学生为什么跑得满头大汗。上课铃已经响过了，一位迟到的女生出现在教师面前。这位女生跑得满头大汗，还对老师说"我迟到了"。学生跑得满头大汗，至少说明学生已经跑了一段时间，不会是看到老师后才装作自己是一直跑过来的；学生对老师说"我迟到了"，说明学生意识到自己的迟到是不对的，而且她也尽了最大的努力，让自己不要迟到太多时间。也就是说，这位迟到的学生对自己的迟到，已经进行了一些补救，并且认错的态度也是良好的。教师如果细致地分析学生这些细节背后隐含的意义，那么就会心平气和地听一听学生的解释了。遗憾的是，案例中的教师对此现象却熟视无睹。

第二，没有花时间了解学生为什么上课迟到。对于学生的迟到，案例中的教师连原因也懒得问，就直接惩罚学生了。学生上课迟到，不会是无缘无故。作为教师，于情于理都应该了解一下学生迟到的原因，这是教

[①] 丁静. 关于师生冲突中教师行为的案例研究 [J]. 教育研究，2004（5）.

师对学生采用什么样处罚的一个必不可少的衡量因素。对学生进行惩罚，不仅仅是体现教师的威严，更为重要的是，要帮助学生认识到错误，并且要求学生在以后少犯或不要犯类似的错误。而要做好这一点，了解学生迟到的原因，是其中极为重要的一个环节。

第三，没有用比较恰当的方式处理好学生请求。教师所采取的奖惩措施常常与对学生的评价结果结合在一起。在上例中，体育老师对学生迟到的评价是独断性的。这是依据个人说了算的统一标准进行的评价。这种评价在案例中具体表现为：不管学生是出于什么原因迟到，不管学生对于惩罚方式的协商，教师都是以不可置疑的语气来强调"大家都一样，迟到都要即时做俯卧撑"。迟到的那位女生，显然对教师如此的判断和惩罚是不满意的。因为在学生看来，自己迟到是有原因的，而且马上罚做"8个俯卧撑"有些困难，于是她恳求老师希望能够得到变通式的对待，即在课后补做。

对比这两个案例，在应对学生不合理请求时，我们可以提炼教师需要注意的一些行为细节，以及需要遵循的相关准则。

其一，要注意学生提要求时的细节。教师要细心地观察，学生在提出不合规定诉求之时，是什么样的表情，是什么样的状态。初次提出不合规定请求或屡次提出不合规定请求，学生的表现是不同的；深刻认识到错误并且真心改正的学生，与仅仅是为了逃脱责任、害怕惩罚的学生，两者提出不合规定诉求时的外在表现，也是不同的。教师对细节观察的结果，有助于准确把握学生提出不合规定请求时的状态，从而为采取正确的教育措施打下基础。

其二，要充分了解原因后再作决断。学生提出不合规定的要求，自有其理由。不管学生的理由是否合理，是否合情，是否站得住脚，教师都有必要倾听一下学生的解释，了解一下学生的内心想法。教师的耐心倾听，其实还向学生传递一种友好的信息——我尊重你！教师如果不去了解学生提出不合规定要求的原因，往往是很难处理好这样的"突发事件"的。案例8.2中教师应对的失误，可以说明这一点。

其三，要把宽容学生作为基本原则。哪有不犯错误的人？即便是经过多年摸爬滚打的成年人，也不敢说不犯错误，更何况还是学习和成长过程中的学生。因而，教师应该允许他们犯错误，尤其要宽容他们初次、无心的过失。也就是说，学生犯错误，是正常不过的；对于学生的问题与错误，要给予教育宽容。不管教师如何应对提出不合理要求的学生，教师都应该把宽容作为教育工作的基本原则。

其四，要把教育学生作为第一准则。如果医生的天职是治病救人，那么教师的工作就是教书育人。前面也提到过，帮助学生认识错误、改正错误，本来就是教师义不容辞的职责。所以，在对待学生不合规定请求时，要以教育学生为主，而不是简单地把惩罚学生作为处理这一细节的基本准则。也就是，怎么样处理对教育学生和帮助学生成长有利，那么就不妨如此处理，即便可能会小小地违反其他的规则。

点睛笔：

1. 智慧应对提出不符合规定的学生，加强学生对教师的心理认同，加深学生对自己错误的认知，促进学生今后的进步。

2. 在应对学生不合理请求时，教师要注意学生提要求时的细节，要充分了解原因后再作决断，要把宽容学生作为基本原则，还要把教育学生作为第一准则。

11. 成绩好的学生还顾不过来

我们都知道,学生的发展是有差异的,有的学生学习成绩优秀,有的学生则学习成绩一般或较差。现代教育理念告诉我们,教师要关注每一个学生的发展,要做到对每一个学生一视同仁。对于学习困难的学生,不但不能有任何偏见,甚至还要给予更多的帮助,付出更多的心血。然而,有的教师却做不到这一点,他们往往过于偏爱学习成绩好的学生,对好学生的管理比较"宽容",对他们的教育教学也比较热心,而对成绩不佳的学生则几乎不屑一顾。

教师不管不顾成绩不佳学生,这样做的问题在哪里呢?在我看来,至少有以下几方面。

首先,违背教育公平。对每一个学生一视同仁,是教育公平的表现和要求。教师只顾成绩好的学生,不管成绩不良的学生,是违背教育公平精神的。而追求教育的公平,恰恰是现代教育的一个基本理念。

其次,伤害学生感情。从本心上讲,学生是希望得到教师关注和肯定的。教师对成绩不佳学生的漠视,造成这部分学生即使用"热脸",也贴不上教师的"冷屁股"。教师这样的行为,必然会伤害学生,必然会疏离师生关系。

最后,丧失教育良机。一时学习成绩不佳的学生,未必永远都是成绩不好的学生,未必不会得到良好的发展。教师对这部分学生不管不顾,就无法了解其学习的真实状态,即便他们出现了提高成绩的契机,教师也会一无所知。

下面,我们将结合有关案例的阅读,从行为细节的分析入手,来具体探讨一下教师不管学习不佳学生存在的问题。

案例 11.1　好学生还顾不过来呢[①]

一段时间以来,一名体育特长生的数学成绩总是下降,问其原因,他说数学老师根本不在乎他,所以对数学课反感。他还说,有一次他向老师问好,可数学老师竟然没有理他,他感到很没面子,很伤心。课堂上数学老师也从不提问他,即便他把手举得再高,老师也不会念到他的名字,逐渐地他就不再举手了。即使他有时故意做错作业,老师也从没有给他纠正过,竟没有找他谈过一次话,他觉得老师不重视自己,也就对数学课失去了兴趣。

后来,找到这位老师询问情况,竟然说不知道这个学生是谁,班里的其他学生也大多不认识,更谈不上根据学生实际情况去帮助他们了。这位老师还说,成绩好的学生还顾不过来呢,哪有工夫去管他这个差生。岂不知,正是因为这位老师的"顾不上",才导致了学生对这门学科的反感和学习成绩的下降。

案例 11.1 中,教师表现出来的行为细节,深深地伤害了学生,严重影响了学生的学习成绩,值得我们吸取教训。那么,具体来说,案例中的教师,有哪些行为细节做得不到位呢?

第一,不理学生的问好。学生要尊敬老师,教师也要尊重学生。学生向老师问好,是善意的表示,是尊师的表现,教师只要给予适当的回应,比如说,简单地问候学生,或者回以微笑,点个头,都能带给学生温暖的

[①] 宋运来. 影响教师一生的 100 个好习惯 [M]. 江苏:江苏人民出版社,2009:3.

感觉。面对学生的主动问好，案例中的数学老师竟然不理不睬。教师这一行为细节，就行为本身来说，是一种无礼的表现；就行为的影响来说，则是非常恶劣的。

第二，课堂上无视学生。由于课堂教学时间的限制，课堂上不可能有无数次师生问答的机会，每个学生不见得都有机会回答问题。但是，对于积极举手想要回答问题的学生，教师即使这节课实在给不出机会，下一节课也要尽可能匀一个机会给这样的学生。案例11.1中，体育特长生多次的举手，并且非常积极地把手举得很高，教师对此却选择了无视，更不用说给予其回答问题的机会。教师的这一行为细节，严重影响了该生学习的积极性，也渐渐地没了学生高举的手的踪影。

第三，不管学生的作业。认真完成作业是学生的本分，同样的，用心批改作业则是教师的本职工作。对于学生做错的作业，教师应该主动了解情况，帮助学生改正。案例中，教师对学生的作业采取的是不予重视的态度。对于学生故意做错的作业，教师竟然"熟视无睹"。教师不仅没有因此找学生谈话了解原因，而且也没有要求学生改正。教师行为细节显露出来的无动于衷，进一步打击了学生学习数学的兴趣。

第四，不注意自己言语。案例中，数学教师种种行为细节，表明这是一位失职的教师。这位数学教师竟然不认得班中的大多数学生，其中包括那位极力想表现自己的体育特长生。对于这种情况，数学教师的解释更令人难以接受，说什么"成绩好的学生还顾不过来呢，哪有工夫去管他这个差生"。数学教师这一言语行为细节，应该是其真实心声的外在表达，或许也代表了一小部分教师的想法。教师光是这么想，就已经违背了"教育要为了一切人的发展"这一理念了，而这么做、这么说，更是让人怀疑这样的教师还是一个合格的教师吗？

再深入地分析一下"成绩好的学生还顾不过来呢"这句话，折射出教师教学理念的误区在于：要优先关照成绩好的学生；管好学生已经很吃力了，还有什么工夫去管其他学生；让每一个学生发展是不可能的，只要能管好好学生就已经不错了……

  我们相信，只管好学生不管其他学生的教师，只是教师队伍中的一小部分人，仅仅是比较个别的教师。但是，偏爱好学生，或许是很多教师的一个情结。喜欢好的学生，教师之常情。不过，假如这个偏爱超过了一个度，变成对困难学生的不顾不问，那么就有问题了，因为这么做已经严重偏离了教育的公平——教师要关爱每一个学生发展。

点睛笔：

  1. 对于学习困难的学生，不但不能有任何偏见，甚至还要给予更多的帮助，付出更多的心血。

  2. 教师不管不顾成绩不佳学生，这样做违背教育公平，伤害学生感情，还会丧失教育良机。

12. 更多关爱令人头疼的学生

前文提到过，关注每一个学生的发展，是现代教育的重要理念。这个教育理念也是教师在教育学生时，需要遵循的一个基本要求。那么，关心每一位学生的发展，特别关注学习困难学生、行为困难学生，其教育的意义在哪里呢？

从教师的角度来说，教师用心地关注每一个学生的发展，能够提升教师的专业水平，获得更多有价值的职业体验。关注每一个学生的发展，对教师来讲，是一项巨大的挑战。优秀的学生自我管理较好，不用教师操心，也能获得不错的发展；令人头疼的学生，教师即使付出了很多心血，也不一定能收到立竿见影的效果。

教育好不同发展水平、不同发展状态的每一个学生，意味着教师付出更多的精力，要更加富有创造性地开展工作，甚至还要不断地研究学生，反思自己的教育行为。在这样的师生互动的过程中，教师在付出的同时，在教育学生的时候，自己也在不断的实践中、在反思与研究过程中，获得了专业的发展，收获了教好学生的成功，从而更多地体验到了教师职业的尊严和欢乐。

从学生的角度来说，教师用心地关注每一个学生的发展，能够让更多的学生得到更好的发展。学生的发展，会在相当程度上受到教师的影响。一般来说，教师对学生的发展关心得多、投入得多、付出得多，学生就能得到更好的发展。假如教师关注的学生,多到所接触的所有学生,广到所面对的每个学生,那么自然地,就能让更多的学生得到更好的发展。

下面,我们将结合一则案例的分析,来谈一谈教师关注所有学生发展时需要做到的行为细节,尤其是关注一般学生和令人头疼学生的发展时,需要注意的若干行为细节。

案例 12.1　细心关爱调皮学生[①]

一位老师新接任的班级有一个全校闻名的调皮生,教过他的老师没有一个不说头疼的。面对这样一个学生,这位老师并没有放弃。开学初,精心组织并召开了几次主题班会,慢慢地让他在班级的温暖中找回自尊,从而改邪归正。几个星期后,老师偶然发现这个学生上课时斜坐在凳子的一个角上,好奇心促使她探个究竟,当这个孩子极不情愿地撩开衣服时,她看到了孩子身上一道道深深的血痕,几乎看不到一块完好的皮肤。当得知是因为不好好学习而被父亲暴打所致,又了解到他也想做个好孩子的想法后,这位老师对这个孩子的生活和学习给予了更多的关爱,孩子从老师那里得到了自己从未感受过的温暖。于是,昔日这个令老师头疼的难缠户慢慢变了。

案例 12.1 中,教师表现出来的行为细节,温暖了行为困难学生的心,转变了这个令老师头疼学生的行为习惯,其做法值得我们学习借鉴。

第一,组织班会,让学生感受到集体温暖。令人头疼的调皮学生,不仅有些教师不怎么待见,在同学当中或许也是不怎么受欢迎的。在班集体中,这样的学生可能是被孤立的,或许被当作另类来看待,他们自然是难以感受到集体的温暖。案例中,教师针对学生的特殊情况,精心组织并召开数次主题班会,让学生感受到集体的温暖。教师这样做,不仅让学生觉

[①] 宋运来. 影响教师一生的 100 个好习惯 [M]. 江苏:江苏人民出版社,2009:2-3.

得自己是受重视的，是属于集体中的一分子，而且还增强了学生的自尊心。

第二，探究学生上课斜坐在凳子上的原因。上课时，教师发现学生斜坐在凳子的一个角上，便找时间去了解学生这么做的原因。通过沟通，她看到学生因为身上被打得比较严重，无法好好地坐在凳子上；她得知学生的父亲因为他不好好学习而暴打他；她还了解到这个学生也想做个好孩子。从关注学生的特别坐姿这一细节入手，案例中的教师了解到了学生背后的故事，知道了学生的家庭教育情况和个人想法。了解了这些信息，实际上为这位教师采取有针对性的教育措施创造了良好的条件。

有的教师或许会认为，既然这个调皮的学生已经能够安静地坐在凳子上，没有影响课堂纪律，那么就由他去好了，何必要管这么多。教师顶多提醒他坐得好一点，就可以了，至于去了解学生为什么会这样的详细原因，就不必费那个精力了。假如教师的关注和对学生的关爱止步于此的话，那么，就失去了一次与学生深入沟通的机会，失去了教育学生的重要契机。

第三，坚持给予学生学习和生活上的关爱。教师给学生一两次关爱，做起来可能相对容易一些，但长期做到在学习和生活上关爱学生，则对教师提出了不低的要求。相应的教育效果是，前者可能一时感动学生，却难以改变学生的不良行为习惯，而后者则能长久地温暖学生、感化学生，最终改变学生的不良行为习惯。案例中，教师这样的做法是难能可贵的，这样的教育细节在改变令人头疼学生的过程中，发挥了非常重要的作用。

诚然，真正做到不放弃每一个学生、促进一切学生的发展，并不是一件容易的事。但作为一个敬业的教师，一个有追求的教师，应该对此心向往之，努力从行为细节做起，为一切学生的更好发展贡献自己的才智。

点睛笔：

1. 教师用心地关注每一个学生的发展，能够提升教师的专业水平，获得更多有价值的职业体验。

2. 教师关注的学生，多到所接触的所有学生，广到所面对的每个学生，就能让更多的学生得到更好的发展。

二、 教师教学行为细节

　　课堂是教师开展教育教学活动的主阵地，课堂教学是教师的基本教学工作。教师在课堂中的教学行为，能够对学生产生教育影响，这些行为也体现了教师个人的基本素养。在课堂教学中，教师表现出来的行为细节，不管是言语行为，还是非言语行为，不管是有意表现出来的行为，还是无意流露出来的行为，都有可能对学生的课堂学习，乃至日常生活产生直接或间接的影响。以教师在课堂上的言语行为为例，假如教师表现出得当的言语行为，那么就能够感染学生，引导学生的情绪变化，激发学生学习知识的兴趣和热情；假如教师表现出失当的言语行为，那么就有可能打击学生的学习兴趣和热情，疏远师生之间的情感，影响课堂教学的质量。

13. 说不好没关系，有我呢

在课堂教学中，有的学生不愿意主动发言。这一问题，中学可能要比小学严重。随着年级升高，越来越多的学生，不愿意主动发言；当教师提问题的时候，不少学生则选择沉默，直到被教师点名，他们才不得不站起来回答问题。与教师点名学生回答相比，教师设法让学生主动发言、主动回答课堂提问的意义何在？

首先，增强学生的自信。学生为什么不愿在课堂上积极举手，主动发言？不知道问题答案，可能是一部分学生不举手发言的原因；相当一部分学生其实知道答案，或者是大概知道答案，但是不那么确定，为了避免在老师和同学面前出丑，所以也就不愿意冒这个风险了；也有的学生对自己的答案是比较有把握的，但看到大多数同学没有举手，自己也不愿意抢这个风头了。除了第一种原因的学生，其他两种原因不愿主动回答的学生，问题的关键在于缺乏自信心，缺少一种敢于表现的勇气。如果教师鼓励学生主动发言，并且成功地调动了学生发言的积极性，那么，这无疑是培养了学生敢于挑战的勇气，增强了学生的自信心。

其次，营造良好的课堂氛围。在课堂教学中，学生积极主动地发言、回答问题，是全身心投入到教学活动之中的表现。在课堂中，如果大部分学生都争着回答问题，大部分学生都愿意与老师和同学交流自己的看法，愿意分享自己的观点，那么，不妨试想一下，这将是多么富有活力的课堂教学氛围。在这样的教学氛围中，教师会打破一些条条框框，学生则会畅所欲言。与此相反，我们设想一下，有的学生被教师点名，不得不站起来回答问题，但是，由于没有心理准备，回答时过于紧张，以致结结巴巴，而这个时候教师又不耐烦地打断学生。我们可以预见，这样的课堂气氛会显得过于紧张——学生会担心自己被教师点名，回答问题时又担心自己犯错误。

最后，提高课堂教学的效益。在课堂教学中，争着发言和回答问题的学生，听课时必定会聚精会神，紧紧跟着课堂教学的节奏走；而那些暂时没有举手发言的学生，也会受到多数学生的影响，认真地参与到教学活动之中。由于学生的认真投入，课堂教学的节奏一般会加快，这样单位时间内的知识量会有所增加；再加上主动举手发言的学生都是有所准备的，相对于教师点名可能无准备的学生回答，课堂教学的效率会得到提高。同样的，学生在课堂教学中积极主动地参与，也会促进课堂教学质量的提升。

鼓励学生主动发言的课堂教学，还会促进教师提高自己的业务水平。这是因为学生主动举手发言，交流和分享的观点，会使课堂教学更具开放性，这样对教师来说将更具挑战性，教师只有不断地提高自己的业务水平，才能更好地适应这样的课堂教学。

下面，我们将结合对一则案例的阅读和分析，来具体讨论一下教师激发学生主动发言的行为细节。

案例 13.1　学生在课堂中自如回答[①]

在教学中，我喜欢在表达自己见解前加上"我认为"，让学生感觉到这只是我的个人观点，他们也可以提出自己的看法。随着时间的推移，我的学生也喜欢在表达自己见解前加上"我认为"，课堂上呈现出一种多样

---

① 严育洪. 这样教书不累人 [M]. 北京：教育科学出版社，2009：113.

化的生动活泼的教学格局。另外，在学生特别是一些学习有困难的学生回答问题时，我总喜欢说"说不好没关系，有我呢"，这样的结果让不少学生成了"勇士"，连平常总一声不吭的学困生也敢举手了。

案例13.1中，教师根据学生身心发展特点，在细节方面下足了工夫，有效地激发了学生主动发言和回答问题的积极性。

第一，在发表见解前加上"我认为"。在学生眼里，教师是知识的权威，代表的是正确的答案。诚然，教师向年青一代传递知识，教师所教授的知识，在相当程度上是前人总结的经验。但不容否认的是，教师传递知识的方法，对知识的二次理解，也有不少个人认识的成分。在课堂教学中，教师发表个人见解之前加上"我认为"，似乎是一个微不足道的言语细节，似乎让人觉得并没有多少实际意义，只不过类似于口头禅的"废话"。其实不然，教师在个人见解之前加上"我认为"，让学生知道教师喜欢将书本观点与个人观点区分开来，让学生觉得自己也可以理直气壮地谈一谈对书本观点的看法；教师在个人见解之前加上"我认为"，暗示着教师并没有搞一言堂，学生完全可以畅所欲言地发表自己的看法。

第二，公开申明"说不好没关系"。对于不少学生来说，在课堂中自如地回答教师的提问，并不是一件容易的事情。虽然不少学生对很多问题，可能知道一点答案，可以发表一点自己的看法，但是，他们对自己的答案并不确信，对自己的看法也存有一点怀疑。对此，教师要多加鼓励，要宽慰学生。案例中，教师说了"说不好没关系"这句话，给了学生很大的信心，因为这句话传递给学生的信息是：你只管把自己的想法说出来，说得好的话，老师肯定会表扬，说得不好也不会受到批评。教师这么说，实际上给学生吃了定心丸，打消了学生的疑虑，让学生可以放心大胆地发表自己的观点。

第三，把自己作为学生的坚强后盾。为了激发学生敢于主动举手发言，案例中的教师在说了"说不好没关系"之后，马上补充"有我呢"这三个字。"有我呢"这三个字，说起来很简单，却是教师激励学生主动举手发言的一个重要行为细节。这一言语行为，透露给学生的信息是，你说错了老师不但不会批评你，而且还会帮助你找到正确的答案。教师简简单单说的三个字，实际上给学生答错问题托了底。学生会觉得："我顶多是说得不好，说得不对，但真要那样的话，老师是不会坐视不管的，而是会真心地帮助我的。再说了，我说的又未必没有道理。"这样一来，所有的学生都敢于主动表达自己的观点了，久而久之，还可能会抢着来表现自己。

点睛笔：

　　1. 教师应鼓励学生主动发言，调动学生发言的积极性，进而培养学生敢于挑战的勇气，增强学生的自信心。

　　2. 在课堂教学中，学生积极主动地发言、回答问题，是全身心投入到教学活动之中的表现。

　　3. 学生主动举手发言，交流和分享的观点，会使课堂教学更具开放性。

14. 这题目很简单,很容易

教师与学生进行沟通交流,总是离不开言语行为。在学校教育情景中,我们会发现这么一种情况:由于对学生的不了解,教师的无心之言,教师自认为的鼓励之语,都可能会被学生理解成讥讽和暗嘲。比如说,教师为了鼓励学生克服做题目的困难,增长学生的信心,常常会说"这题目很简单"、"这道题很容易"。但教师的鼓励,对有的学困生来说,却觉得教师在讽刺,在暗示学生他(她)很笨。

类似于"这题目很简单"、"这道题很容易"之类的教师言语,可能会在课堂教学中不经意间出现,也可能在课外辅导学生时脱口而出。无论是在课堂上还是在课后,教师这样的语言,对某些学困生来说,会感觉有点刺耳,甚至是非常的讨厌。下面我们要讨论的案例,虽然描述的情景并没有发生在课堂上,但还是具有一定的代表性。

案例 14.1　这题目其实很简单[①]

一个学生来问概率问题,我细心地给他讲解后鼓励他:"有时间你可以自己看看书,不懂再问老师,应该没问题!概率其实很简单。"

"老师,您知道吗?我们这些成绩不太好的同学,最讨厌您在上课或者分析问题的时候说:'这题目很简单!这道题很容易!'那些您说很简单

---

① 严育洪. 这样教书不累人 [M]. 北京:教育科学出版社,2009:110.

的东西，有些我们根本不懂，有些只懂一点点。试想，我们连'简单的知识'都这样，您说我们不是白痴是什么？"

案例14.1中，教师在给学习困难学生讲解题目后，为鼓励学生，习惯性地说了一句"概率其实很简单"，引起了学生的反感和厌恶。教师自以为这句话是真诚的鼓励，在学生眼中则成了无情的暗讽。应该说，案例中的教师由于没有注意自己的言语行为细节，对学生说出了不恰当的言语，给学生带来了潜在的伤害。

在这里，我们可能会产生如下的疑问：教师的鼓励为什么会适得其反？教师为什么好心办了坏事？这其中又反映出什么问题？对此，我们可以作以下两方面的思考。

其一，师生之间信息不对称造成了理解的不同。师生之间成长的环境是不同的，生活的经历和经验也不可一概而论，这在客观上造成了师生之间有着不同的价值观念。对于同样的事物，教师和学生完全可能有不同的看法。教师假如对这种情况不是很在意的话，那么在师生交往的过程中，完全有可能发生这样的情况：教师自认为自己讲的意思是"声东"，学生听起来却觉得教师的潜台词是"击西"。

案例14.1中，教师根据自己的生活经验和价值观念，觉得在讲解题目之后，对学生说句"概率其实很简单"是一句鼓励的话。因为这道题目或类似的题目，对教师来讲确实很简单。但是，学习困难学生却绝不会觉得简单，也无法体验到"简单"是什么滋味。实际上，假如他们也觉得是简单的话，那也不再是学困生了。教师觉得挺简单的知识，学生却根本不懂或懂得一点点。那么，学生听到教师每次强调的"简单"，也就会产生不好的联想："我们连'简单的知识'都这样，您说我们不是白痴是什么？"

其二，教师不能完全以自己的价值来理解学生。每个人都有自己的价值观念，教师与学生不外乎于此。从教师的角度来说，教师总是有意无意地用自己的价值观念来衡量学生的。这并无大错，也难以避免。但我们主张的是，作为教育者的教师，在某些场合下，应该尽可能用相对客观的价值观，来理解学生、评价学生。而且，教师教育学生时要考虑到学生的亚文化，要考虑到自己讲的话、做的事，对学生来讲可能意味着什么。案例14.1中的教师，如果早得知自己认为的鼓励性的话语对学生而言竟然成了一种讽刺的话，那么，相信这位教师绝不会在学生面前说这句话。

那么，教师要如何做，才能避免这种情况出现呢？我们认为，教师在表达具有倾向性的观点时，一定要考虑学生可能会怎么理解。教师与学生交流时，要慎重地表达具有价值倾向的观点。教师做到慎重地表达自己的观点，不见得一定能够避免学生理解错教师的意思，但我们可以肯定的是，这样可以最大限度地降低风险。而且，教师做到慎重地表达，对自己来讲，也是一种严格的要求，是一种自我发展的方式。

教师的慎重，能降低伤害学生的可能性。我们都知道，教师的一言一行，可能在无形中对学生产生影响。教师表述的带有价值倾向的言语，更有可能对学生产生较大的影响。教师慎重地表达自己的倾向性观点，意味着教师要对自己将要表述的观点进行筛选，对有的言语进行调整，这样，有可能令学生反感的言语，教师就不会脱口而出了。教师讲的话考虑了学生的感受，就能有效减少因言语伤害学生的情况，特别是减少那种不经意间的言语对学生造成无形的伤害。

教师的慎重，会要求自己增长才识。教师要做到慎重地表达自己的观点，特别是带有价值倾向的观点，实际上是说起来容易做起来难。因为这对教师的学识和能力都提出了不低的要求。笼统地说，教师要做到这一点，除了有精湛的学科知识外，更重要的是要懂得一定的教育学、心理学知识，要能够在不同的教育情境中自如地使用自己的语言。教师慎重的背后，需要教师不断地学习，广泛地学习，也需要教师认真地实践、总结和提炼。一句话，需要教师不断地增长自己的知识和才能。

教师的慎重，会促进自己研究学生。教师学会慎重表达自己观点的关键在于真正了解学生，而要做到深入地了解学生，离不开对学生的观察和研究。每个学生都是不同的，学生所生活的社会也在发展变化着。教师对学生的了解和研究，不可能是一劳永逸的。教师要做到、做好在学生面前慎重表达自己的倾向性观点，需要自己不断地研究学生，了解学生价值观念和行为方式的新动态，能够跟得上学生的思想变化，尤其是学生头脑中某些细腻的想法。

点睛笔：

1. 作为教育者的教师，在某些场合下，应该尽可能用相对客观的价值观，来理解学生、评价学生。

2. 教师与学生交流时，要慎重地表达具有价值倾向的观点。

15. 让我来猜猜谁是朗读小能手

在课堂教学中，有的教师会引导学生相互竞争，通过激发学生的好胜心，来调动学生参与课堂教学的积极性，达到活跃课堂教学气氛、推进课堂教学开展的目的。可以说，创设相互竞争的教学情景，让学生在课堂中"你追我赶"，是教师经常使用的教学手段。那么，教师把"竞争机制"引进课堂教学，能发挥哪些具体的作用呢？

首先，有利于激发学生的学习兴趣。人们常说，兴趣是最好的"老师"。想方设法激发学生的学习兴趣，是每一位教师都"孜孜以求"的目标。激发学生学习兴趣，可以从教学内容的趣味性上下工夫，也可以从教学方式的创造性上做文章。把"竞争机制"引进课堂教学，是对传统课堂教学方式，即灌输式的讲授、机械式的问答等方式的创新。恰当地把"竞争机制"引进课堂教学，能够有效地调动起学生学习的内驱力，激发学生对学习的兴趣。

这是因为，把"竞争机制"引到课堂教学，实际上是给学生一个比赛竞争的目标，而一旦竞争"得胜"，则会得到老师和同学的肯定和表扬，从而极大地满足学生的心理需求。因而，只要觉得自己"有一手"的学生，都会有兴趣通过竞争去争取"比赛的胜利"。而那些自己参加竞争的学生，也会饶有兴趣地"观看"其他同学的"比赛"。

其次，有利于提高学生的课堂参与程度。提高学生的课堂参与程度，是增强课堂教学实效性的要求。学生做到在课堂上积极参与教学，那也意味着学生是集中精神，积极与老师、同学进行教学互动的，或者是认真关注其他同学与老师、同学之间的教学对话的。把"竞争机制"引进课堂教学，能有效地提高学生的课堂参与程度。为什么这么说呢？

对于那些有能力参与竞争的学生来说，他们一般会被挑动好胜之心，会自觉地开动脑筋思考问题，会表现自己良好的一面。他们是课堂教学中最为活跃的参与者。对于那些暂时竞争能力不足的学生来说，他们虽然一时之间无法亲自参与到课堂竞争中来，但是，他们是最好的"观众"，他们聚精会神地关注着课堂中的互动，他们为参加"比赛"的同学加油助威，并且在这个过程中认真学习，取长补短。这实际上也是一种课堂参与的方式。

最后，有利于营造活跃的课堂氛围。活跃的课堂氛围，对于课堂教学有着良好的助益。把"竞争机制"引进课堂教学，会使课堂教学热闹非凡，但这种热闹却是在"竞争规则"约束下有限度的活跃。只要教师调控得当，那么在有竞争的课堂教学中，学生会热情似火，要么自己直接参加竞争，要么激励他人参与竞争。这样的课堂，应该算是"活"起来了。

下面，我们将结合相关案例的阅读，看看教师把竞争手段用于课堂教学的行为细节。

案例 15.1　谁是我们班的朗读小能手[①]

我在教授《夏夜多美》一文时，在指导学生朗读的环节创设了这样的情境，"多么感人的故事啊，我想高声朗诵"。在我声情并茂地朗读后，同学们也在下面跃跃欲试了，于是我抓住这一契机说："现在让我来猜猜，谁是我们班的朗读小能手呢？"这时候课堂顿时活跃起来，学生们情不自

---

① 陈玉珍. 打造精彩的教学细节［J］. 成功（教育），2011（4）.

禁地自由朗读起来。

等同学们停下来后,我说:"刚才老师仔细观察,发现我们班里的'朗读明星'是××同学吧!"同学们马上反对,都说虽然他读得不错,但是我们班里的"朗读明星"是××同学。学生们几乎异口同声,并用手指向那个同学。我投去了惊喜的目光,说:"看来你是同学们公认的'朗读明星',请你来朗读自己最喜爱的自然段吧!"被同学们推荐的女同学自豪地站起来朗读自己最喜爱的自然段。之后,我让同学们来评评她朗读得怎么样?有的学生说她朗读时声音响亮,还特别有感情呢!有的说她朗读时有轻有重,声音抑扬顿挫。有的说感觉她读课文时很投入,脸上的表情还随着课文内容的变化而变化。

听了这位同学的朗读,又听了同学们对她的评价,我说:"看来'朗读明星'这称号,你是当之无愧啊!"话音刚落,那个被我猜到的同学举起小手说道:"老师我愿意向朗读能手××同学挑战。"这位同学开始朗读了,教室里响起了学生们因她的勇气和自信的鼓掌声。正是因为我认真听一听学生的内心话,才能抓住指导学生朗读这一教学环节,使课堂显得格外精彩。

案例15.1中,教师通过创设教学情境,激发学生踊跃比试朗读课文。在这个过程中,教师某些行为细节值得我们学习借鉴。

第一,自己声情并茂地朗读课文,创设让学生相互竞争的情境。初次把竞争机制引入课堂教学,学生可能会有些不适应,有些紧张,有些担心自己表现不好。这时,教师需要"破冰",需要创设相适应的教学情境,以打消学生的顾虑,调动学生参与竞争的积极性。案例中的教师先是声情并茂地朗读了课文。在教师朗读之后,学生们已经有点跃跃欲试了。教师抓住这一契机,继续"煽风点火",说:"现在让我来猜猜,谁是我们班的朗读小能手呢?"到了这个时候,"课堂顿时活跃起来,学生们情不自禁地自由朗读起来"。这样,教师通过掌握自己的行为细节,成功地创设了让学生比赛朗读的情境。

第二,让学生推荐"朗读明星",并调动学生进行相互评价。案例中,教师在学生推荐朗读之前,先用一句话进行了试探。教师说:"刚才老师仔细观察,发现我们班里的'朗读明星'是××同学吧!"实际上,不管××同学是不是"朗读明星",教师这句话都为接下来的学生比赛做好了进一步的铺垫。当然,学生并没有同意教师的说法,一致推荐了班级的"朗读明星"。教师得知后,对这位学生投去了惊喜的目光,并要求她"朗读自己最喜爱的自然段"。之后,教师又让学生进行评论。于是,学生从不同角度对公认的"朗读明星"的朗读进行非常中肯的评论。学生的这些评论,实际上是做好朗读的要求和标准。教师在"朗读明星"示范之后,再让全班学生进行总结概括,这与教师自己直接灌输给学生相比,显然更符合新课程改革的要求,更能够收到良好的教学效果。

第三,通过进一步的言语暗示,激发学生挑战"朗读明星"的称号。案例中的教师,在学生们对公认的"朗读明星"评价之后,自己又进行了评价,教师说:"看来'朗读明星'这称号,你是当之无愧啊!"在这句话中,教师的言语行为细节"看来",实际上是与前面说过的"猜猜""发现"是一脉相承的,这说明到了这个时候,教师并不是非常肯定。所以说,用上"看来"这个词,为其他学生竞争"朗读明星"这个称号留下了余地。果不其然,在教师话音刚落,有一个学生发出了挑战的请求。挑战的学生未必就比前面公认的"朗读明星"读得好,但她的勇气和自信是值得肯定的,同学们为她的勇敢鼓掌。至此,教师苦心创设的学生比赛朗读教学环节圆满地落下了帷幕。

概而言之,把竞争机制引入课堂教学,很多时候的确能够收到"奇效"。但与此同时,我们也应该看到,简单地使用竞争手段,也存在着一定的风险。比如说，忽略教学的目标，只是为了竞争而竞争，那么，这样的课堂固然热闹，但也仅仅是热闹而已。

> **点睛笔：**
>
> 1. 恰当地把"竞争机制"引进课堂教学，能够有力地调动起学生学习的内驱力，激发学生对学习的兴趣。
>
> 2. 学生做到在课堂上积极参与教学，那也意味着学生是集中精神与积极老师、同学进行教学互动的。
>
> 3. 教师初次把竞争机制引入课堂教学，需要创设相适应的教学情境，调动学生参与竞争的积极性。

16. 这位同学，你为什么不举手

在课堂教学中，教师时常会请一些不举手的学生来发言或回答问题。教师这么做，显然不是有特别的偏好，一般是出于以下几种情况：其一，几乎没有学生举手发言，只能点名或示意让不举手的学生发言。其二，教师想照顾一些没有举手的学生，以便让更多的学生有机会在课堂上表现自己。其三，教师看到某位学生走神、开小差，想通过站起来发言的方式，让其集中精神好好听讲，或者作为一种补充的惩罚手段。

以上罗列的三种情况，可能是教师让不举手学生发言的比较常见的理由。在真实的教育情境中，教师让不举手学生发言，或者鼓励不举手的学生起来发言，可能还有其他方面的原因或考虑。假如教师因地制宜，将要求不举手的学生发言与课堂教学的目标、情境结合起来，进而活用课堂中偶发的、特殊的教学资源，那么，这无疑是件有意义的事情。具体来说，教师做到了这一点，至少有如下两方面的意义。

一方面，可以盘活课堂教学中的隐性资源，更好地为实现课堂教学目标服务。隐性资源是不易觉察到的课堂教学资源，它以潜在的方式影响或支持课堂教学。尽管不少的隐性资源没有被教师有意识地加以利用，但它们对课堂教学仍有可能起着至关重要的作用。学生在课堂教学中的某些特殊表现，也是隐性教学资源的一个种类。假如教师从巧妙管理好自己的行为细节入手，善于开发利用隐性教学资源，那么就有可能将这类隐性教学资源，转化为显性的教学内容、教学材料，从而促进课堂教学目标的达成。

另一方面，可以营造富有吸引力的课堂情境，让学生更好地参与到课堂教学之中。一般来说，课堂中潜在的隐性教学资源，都是与学生生活经验相近且能够引起学生关注的事情。教师如果不去开发利用这些资源，那么将失去很好的教育学生的契机；教师如果处理不好某些特殊的隐性资源，还有可能会干扰课堂教学的秩序，影响课堂教学的顺利推进。而一旦教师注意了相关的细节，开发利用好了隐性教学资源，那么必将学生的注意力吸引到教师特意创设的课堂情境中，从而有力地激发学生参与课堂教学的兴趣和热情。

下面，我们将结合对一则案例的阅读和分析，来具体讨论一下教师将请不举手学生发言转变为课堂教学资源的行为细节。

案例 16.1　请不举手的学生来朗读[1]

课件出示英子的来信[2]："我永远不会忘记那掌声，因为它使我明白，同学们并没有歧视我。大家的掌声给了我极大的鼓励，使我鼓起勇气微笑着面对生活。"

师：上中学后，英子来信了，想读的同学请举手？（老师仔细地看了看全班学生，发现大部分学生都乐意地举起了手，只有一个学生静静地坐在那里，看着老师，一动也不动）

---

[1] 郑海珊. 捕捉教学细节，构建和谐课堂——特级教师胡君《掌声》教学片断赏析［J］. 小学教学参考，2006（10）.

[2] 人教版国标版教材三年级上册《掌声》写的是这样的故事：残疾女孩英子内心很自卑，一个偶然的机会让她不得不面对全班同学的目光。想不到的是，同学们给了她鼓励的掌声。掌声从此改变了英子的生活态度，她变成了一个活泼开朗的人，开始"微笑着面对生活"。几年以后，英子在给我的来信中说："我永远不会忘记那掌声，因为它使我明白，同学们并没有歧视我。大家的掌声给了我极大的鼓励，使我鼓起勇气微笑着面对生活。"

师：（走近该学生，弯下腰）这位同学，你为什么不举手？（该学生一声不吭）

师：（亲切地）想读吗？

师：（看到她犹豫的神情，就转而面向全班学生，动情地）同学们，现在她最需要的是……

（还没等老师把话说完，教室里响起了热烈的掌声。这位学生战战兢兢地站起来，一字一句地读完了英子的来信）

师：（激动地）你读得很好，声音响亮，人要自信啊！同学们，你们的掌声给了她莫大的鼓励，使她鼓起勇气读完了英子的来信。这位同学，你为自己有了勇气，有了自信，也给自己鼓鼓掌吧！（该学生一边高兴地给自己鼓掌，一边坐了下来，觉得很幸福）

案例16.1描述的是一位特级教师，智慧地让一位没举手的学生发言的故事。在这个案例中，这位特级教师通过自己的一些行为细节，巧妙地将学生的不举手与教学内在的价值结合起来，有效地开发利用了隐性教学资源，出色地完成了课堂教学目标。

第一，走进学生，并弯下腰问学生"你为什么不举手"。案例16.1中，胡老师牢牢抓住本节课教学内容的主旨，即课文中英子的来信折射出来的"主动地关心、鼓励别人，珍惜别人的关心和鼓励"的人文教育目标。当教师请学生举手来朗读英子来信时，敏锐的教师发现了一个静静坐着而没有举手的学生。基于教师职业的敏感，胡老师发现这位学生与课文中的英子有相同之处，即自卑，而且渴望大家的鼓励。

教师意识到这可能是很好的隐性教学资源，如果开发利用得恰当合理，不仅能极大地帮助这位学生克服自卑的心理，而且能够更好地完成课堂教学目标。要完成这一目标，显然要分好几步走，要处理好若干细节。胡老师首先做的是，走近学生，并弯下腰问学生"你为什么不举手"。教师弯下腰这一行为细节,体现了把自己放在与学生对等的位置,来问学生问题;教师问学生"你为什么不举手",是让学生意识到老师已经关注到你的情况了。

第二,亲切地问学生"想读吗",并让同学用掌声鼓励。教师问学生"你为什么不举手",学生一声不吭,没有解释原因。学生的反应,应该在教师的意料之中。教师对此的处理方式是一笔带过,接下来做的是亲切地问学生想不想读。亲切的语气,能够让学生认可教师;问一声"想读吗",或许能问到学生的心坎上。看到这位学生犹豫的神情,教师并没有直截了当地命令她起来朗读,而是想办法鼓励她自己站起来朗读。

教师的处理方法是,面向全班学生,动情地提醒他们:"现在她最需要的是什么?"此时,学生对文本已有了较为深刻的感悟,于是都不约而同地热烈鼓掌。这位学生在大家的帮助下,终于鼓起勇气读完了"英子的来信"。这掌声给了一开始因为胆小害怕而不敢举手读信的学生莫大的鼓励;这掌声使原本自卑的学生体验到了成功的快乐;这掌声是学生对文本正确感悟、深刻体验的反映;这掌声使本课的人文教育目标体现得淋漓尽致——人都是需要掌声的,尤其是当别人身处困境的时候,不要忘记把自己真诚的掌声献给别人。这掌声使课堂显得那样的和谐自然。[1]

第三,用激动的声音表扬学生"读得很好,声音响亮"。案例中,教师在学生读完英子来信之后,继续用表扬的方式鼓励学生。教师先对学生进行口头表扬,说她"读得很好,声音响亮",然后要求学生为自己的勇气和自信鼓掌。照理说,教师在学生读完之后,说几句类似于"很好"之类的"套话",再示意学生坐下来,也完全说得过去。但教师再次表扬与鼓励的行为细节,透露出的是对学生个性和行为特征的深刻把握,其作用

---

[1] 郑海珊. 捕捉教学细节,构建和谐课堂——特级教师胡君《掌声》教学片断赏析[J]. 小学教学参考,2006(10).

则是深深地感动了学生,给学生留下难以磨灭的印象,巩固刚刚获得的一点自信和勇气。是的,当教师要求学生给自己鼓掌时,学生是高兴地给自己鼓掌,觉得自己很幸福。这不能不说,教师利用课堂隐性教学资源是非常成功的。

> **点睛笔:**
>
> 1. 一般来说,课堂中潜在的隐性教学资源,都是与学生生活经验相近的事情,往往是能够引起学生关注的事情。
> 2. 教师应该因地制宜地活用课堂中偶发的、特殊的教学资源。

17. 快去帮帮学习有困难的同学

我们都知道，学生的学习能力是有明显差异的，在课堂教学中，不同发展水平的学生学习进度亦是不同的。教师讲解的新知识点，有的学生能够很快地领悟，有的学生需要教师等待一下，才能跟上大家的步伐，有的学生可能一知半解，需要额外的学习才能理解，有的学生可能如坠云雾，听来听去还是一头雾水。假如同一个班级的学生发展水平存在较大差异，那么对教师组织教学来说是不小的挑战。

一般来说，教师通常是以中等发展水平学生的理解能力为标准，来控制自己课堂讲授的难度和速度的。但这样一来，优秀学生就会觉得老师讲得浅了些、慢了些，可能觉得课堂节奏有点拖沓，他们有的时候会无所事事；学习困难的学生，还是会觉得老师讲得深了些、快了些，他们一个知识点没有理解透，老师又开始讲下一个知识点，而且，他们即便想认真学，也较难跟得上进度。

不同发展水平的学生给教学带来的挑战，教师应该如何来处理？是不管不顾，任其自然，还是采取适当措施，不让优秀学生闲着，不让学困生无所适从？理性地分析，后者更为可取。但问题是如何做到这一点。在教学实践中，有的教师可能会让学得快的优秀学生，在课堂中充当小老师，帮助学习困难学生。教师这么做，其意义和价值在哪里呢？

一方面，可以让学习困难的学生得到一对一的帮助。在课堂教学中，教师的教学进度要尽可能照顾到学习困难学生的学习水平。但话又说回来，教师也不可能为了照顾少数学困生，就完全放慢课堂教学节奏，不管多数学生的学习进度了。诚然，教师可以抓住课堂教学中为数不多的间歇，来见缝插针地帮助一下学困生；可以利用课间、课后或休息的时间，对学困生进行辅导和强化。但问题是，课堂教学中的间歇太少了，教师的课余时间也是有限的，需要教师辅导、帮助的学困生，也不见得就只有一两个，教师忙不过来，也顾不过来。在课堂教学中或在校学习期间，教师让优秀学生在完成自己学习任务和作业之余，力所能及地帮助一下学困生，这样做可以让学困生得到更多的帮助，而且是一对一的、有针对性的帮助。

另一方面，可以让优秀生在帮助同学过程中有所收获。在课堂教学中，优秀的学生提前完成了教师布置的任务，暂时会闲下来"无所事事"。教师让优秀学生帮助学困生，不仅对学困生来说是一件求之不得的好事，对优秀生自身来说，也会在助人过程中有所收获。且不说帮助有困难的同学学习，本身就是一件有意义的事情，优秀生在帮助他人学习的过程中，对自己的学习也是一种促进。我们大家可能有这样的体会，在学习新知识的时候即使领会了，却不见得就能很好地表达出来。正如《学记》所言，"教然后知困"。在帮助学困生学习的同时，优秀学生实际上也对新知识进行整理和回顾，进行了深入的理解和掌握。在这个过程中，优秀生还了解到自己在知识理解上的不足，这样就可以有针对性地重新学习一遍。

下面，我们将结合相关案例的阅读和分析，来具体谈一谈课堂教学中，教师让优秀学生帮助学困生需要注意到的行为细节。

案例 17.1　你们班谁学习有困难[①]

---

① 沈松明. 课堂的魅力缘于细节的精彩 [J]. 中国教育报，2007-3-2.

于老师布置学生读课文作批注，几名优秀学生很快就完成了，并急于举手作答。见此情景，于老师走到他们跟前，轻声说："写完了吗？那就等等其他同学吧。"说完，他起身继续巡视。刚走两步，旋即转身，对那几位学生耳语了几句。那几名学生马上眉飞色舞地离开座位，像老师一样巡视起来。课后，于老师对自己的"耳语"作了解释，原来他是对那几位优秀生说："你们班谁学习有困难，快去帮帮他们。"

案例17.1中，几名优秀学生很快完成了教师布置的读课文作批注，并急于举手发言。教师注意到了他们，先是走到他们跟前，轻声地要求他们等等其他同学。刚刚说完，教师意识到这样的处理方式可能不是最佳的，于是马上要求那几位优秀生去帮助学习有困难的同学。案例中，教师让优秀生帮助学困生的具体行为细节，可以从以下几方面来分析。

第一，轻声与优秀学生说话，不影响其他学生。当决定让优秀学生帮助学习困难学生时，教师并没有大张旗鼓地在班级里宣布这一决定，以便让所有的学生都知道教师这一英明的决定。教师的做法是，以耳语的方式，对几位优秀学生交待了几句。分析这一行为细节，我们可以得到如下信息：教师带头维持了课堂的安静，没有影响其他还没有完成任务的学生，这样就避免了其他学生，尤其是学习中等学生，产生不必要的紧张感。

第二，让优秀学生自己去寻找需要帮助的同学。学习困难的学生，未必都是调皮的孩子，未必在性格上都是大大咧咧的，不怎么在意别人给他贴上"差生"的标签。教师对几个优秀学生耳语"你们班谁学习有困难，快去帮帮他们"，实际上并没有明确指令优秀生去帮谁，只是提示他们去帮助学习有困难的学生。这也意味着，优秀学生要自己去观察，自己去寻找确实需要帮助的同学。教师这一言语行为，一方面没有给某某学生贴上"学困生"标签，另一方面也锻炼了优秀学生的观察能力、帮助他人的能力。

第三，让优秀学生尽快去帮助学习困难的同学。案例中，教师对优秀学生说道，要"快去帮帮"学习困难的学生。在这个短语中，我们注意到"快"这一言语细节。这个"快"意味着什么，教师又为什么强调"快"？我们知道，教师安排"读课文作批注"这一教学环节的时间是一定的，尽管几个优秀学生提前完成了任务，但他们可支配用来帮助同学的时间却是非常紧张的。教师在言语中强调的"快"，要求优秀生要抓紧时间，尽可能用相对充裕的时间去帮助同学的意思；教师在言语中强调的"快"，或许也有要求优秀生讲究效率，特别在帮助同学时，多讲解重点和关键，让学习有困难的同学尽快跟上来。

总之，案例中教师的行为细节虽小，但内涵却十分丰富。或许在平常教学中，我们也经常让优秀生先等一等。但如何关注到每一个学生，让优秀生在等待中有所收获，让学困生在被等待中走得更快，却是我们所欠缺的。于老师正是用这个看似平淡无奇，却真实生动、充满智慧和个性魅力的教学细节，来编织课堂的美丽。[①] 也可以说，于老师在应对教学要适应不同发展水平学生这一挑战时，其独到之处正是把握好了优秀学生的特点，并用其细腻的言语和非言语行为，在不影响教学秩序和其他学生的前提下，鼓励优秀学生去帮助学习困难学生，从而促进不同发展水平的学生得到共同的发展和提高。

[①] 沈松明. 课堂的魅力缘于细节的精彩 [J]. 中国教育报，2007-3-2.

点睛笔：

1. 教师让优秀学生在学有余力的情况下，一对一的有针对性地帮助学困生。

2. 教师让优秀学生帮助学困生，不仅对学困生来说是一件求之不得的好事，对优秀生自身来说，也会在助人过程中有所收获。

18. 你懂什么，我哪儿说错了

在传统的观念中，教师与学生在知识方面的关系，通常比喻为"一桶水与一杯水"的关系。教师被认为是知识的代言人，有的教师在学生面前也以知识权威者而自居。在学科知识方面，教师一般比学生掌握得多，掌握得精确，这是一个事实，也是教师之所以能教学生的一个基本前提。教师在教学生知识的时候，一般是帮助学生纠正错误的，而自己则不会出现错误。但事无绝对，在课堂教学中，教师也有可能在知识传授上，出现"阴沟里翻船"的尴尬局面，即不小心把知识点讲错了，并且被学生当面指了出来。面对这种情况，教师该如何自处？是强词夺理，指责学生，坚持说"我哪儿说错了"，还是主动承认"我说错了"，并且表扬学生？显然，后者更加可取。

教师勇于承认自己讲得不对，能够让全班学生学到正确的知识点。当教师教学中的错误被学生指出来后，如果拒不承认错误，反而坚持错误的观点，对于学生学习正确的知识是相当不利的。虽然有的学生指出了教师知识点上的错误，但教师的不认错，还是能够迷惑一部分学生。那些怀疑教师讲错的学生当中，有一部分可能还不明就理，不清楚教师到底错在哪里。而教师主动承认错误，也就会坦承自己到底错在哪里，并且指出正确的表述方式。这样，就不会让部分学生跟着犯错，就可以让全班学生学到正确的知识点。

教师敢于承认自己讲错了，也给学生树立了个勇于认错的好榜样。教师是一面镜子，是学生学习的榜样。在课堂教学中，教师对于自己讲错的知识点拒不承认，诚然能够迷惑一部分学生，但学生也不是傻子，会无条件地相信教师。学生会觉得，老师是在愚弄自己，老师不敢承认错误，老师是在撒谎。教师如此的表现，怎么能给学生留下好印象，怎么能当学生学习的榜样？相反，教师对于讲错的知识点并不忌讳，勇于认错，还真诚地表扬指出自己错误的学生，实际上是给学生树立一个好榜样。教师承认错误，不但没有破坏教师形象，反而让学生觉得老师更加亲切。另外，对于指出错误的学生来说，教师承认错误，并且给予其表扬，也是一种很好的肯定和激励。

总之，教师在学生面前承认自己的错误，并不容易做到，但这样做却很有意义。正如国外研究者所描述的：我的学生不再害怕出错，勇于表达自己的看法，最终都成了"冒险家"——他们敢于给出奇特的答案，因为他们知道老师会支持他们创新；即使答案不正确，老师也会慢慢引导他们得出正确的结论。学生还知道，老师会承认自己没有想到那么独特的答案，而且很羡慕他们的思路。[1]

下面，我们将结合两则案例分析一下课堂教学中教师勇于认错和不敢认错的表现、影响以及两者背后的原因。

案例18.1　学生指出失误，教师欣然接受[2]

北京特级教师宁鸿彬在教《分马》一课时，一个学生提出："我认为《分马》这个标题不恰当。"宁老师问他为什么，学生说："你想啊！白大

---

[1]　[美]菲利普·比格勒，斯蒂芬妮·毕晓普主编. 美国最优秀教师的自白[M]. 刘宏译. 北京：中国青年出版社，2008：132.
[2]　高培权. 转变教育观念培养创新人才[EB/OL]. http://www.huanggao.com/teacherc/jyjl/03190005.htm.

嫂子分的不是马，是骡子；老初头分的也不是马是牛；李毛驴分的也不是马，他拉走了两头毛驴。明明牛马驴骡全有，题目却叫《分马》，不恰当。"

宁老师请他重新给这篇课文拟个标题，这个学生说："分牲口。"宁老师鼓励并表扬了这个学生，说："《分马》是著名作家周立波的作品，你敢于向名家挑战，值得表扬。"

话音刚落，又一个学生站起来说："老师，您错了！课文注解1写着呢，本文标题是编者加的。他不是向作者周立波挑战，而是向编者挑战。"这个学生指出了老师的失误，宁老师不仅欣然接受，而且表扬这个学生说："很好！我一时疏忽，说错了，你马上给我指出来，非常好！你们一不迷信名家，二不迷信编者，三不迷信老师，这是值得称赞的。"

在案例 18.1 中，宁老师在点评学生回答时，犯了一个知识性的错误，而且这个错误被一个细心的学生指了出来。难能可贵的是，宁老师并没有认为这是学生扫他的面子，不但欣然接受了学生指出的失误，而且还表扬了指出他错误的学生。教师这样的行为细节，实际上鼓励了怀疑、挑战权威的做法，有利于培养学生的批判性思维。这个例子中，教师还把自己的失误，当作课堂教学的资源加以利用。案例 18.1 中，教师勇于承认自己错误的行为细节，可以从以下几方面加以分解。

第一，承认自己"一时疏忽，说错了"。对于学生指出的失误，案例中的教师没有任何的遮遮掩掩，坦然承认自己的错误，对全班学生说自己"一时疏忽，说错了"。阅读案例，我们发现，宁老师是不假思索地坦然承认。这说明宁老师清醒地认识到：在教学中，自己也会犯错误。对于自己犯的错误，宁老师知道应该如何对待，如何来处理。也就是，宁老师对于教学中犯错误与承认错误，有着正确的认知和应对能力。

第二，表扬学生马上给自己指出错误。案例中，教师对于学生指出的失误,第一反应是表扬了学生,说了句"很好"。在承认自己疏忽和错误之后,教师又说:"你马上给我指出来,非常好!"教师这一言语行为细节,向全班学生传递的信息是:老师对于勇于发言的同学是不吝表扬的,即便发言的学生讲的内容是指出老师的错误。教师的言语行为,进一步显露出自己是真心实意地承认错误的,而不是简单地点一下错误,对于自己的失误就一笔带过了。

第三,将表扬的面扩大,并说明理由。案例中,教师由承认自己失误引申出来的表扬,并不只是表扬指出他失误的学生就结束了,教师还趁此机会对全班学生进行了表扬,教师说:"从这一段时间看,你们一不迷信名家,二不迷信编者,三不迷信老师,这是值得称赞的。"仔细阅读案例,教师的表扬应该是有所指的,表扬的对象应该是有所重点的,但不管怎么说,教师表扬的是所有学生。

案例18.1中,教师之所以这么做,主要是把自己和学生放到了对等的地位。学生犯了错误,要承认和改正错误,教师亦是如此。换个角度讲,教师对于"师道尊严"有着正确的认识,对于平等的师生关系也知道如何去维护。

案例18.2 我哪儿说错了①

一次课上,我正侃侃而谈,不觉中犯了一个知识性错误,话一出口便意识到了,但见学生没反应就接着往下讲。这时候,一个平时给我的印象不大好的学生站出来反驳了:"老师,你说错了,还好意思说下去!"我一下子面红耳赤,狠狠地瞪了他一眼:"你懂什么?我哪儿说错了?"学生坚持反驳。我恼羞成怒,将那学生赶出了教室。

在案例18.2中,教师在授课过程中出现了一个知识性错误,在自己意

---

① 丁静. 关于师生冲突中教师行为的案例研究[J]. 教育研究,2004 (5).

识到出错的情况下，出于维护个人面子的目的，不仅没有当着学生的面承认错误，反而纵容自己，意图蒙混过关。而当一个学生主动指出教师的错误后，那位教师不但不予承认错误，而且企图通过言语的呵斥，来压制学生的反对意见。教师的具体做法是，狠狠地瞪了那位学生一眼："你懂什么？我哪儿说错了？"之后，还将那位学生赶出了教室。教师这么做，打乱了课堂教学节奏，加剧了与那位学生之间的矛盾，也给其他学生也留下了不好的印象。

案例中的教师为什么要这么做呢？这一个问题，可能与教师顽固地把自己当作知识权威有关。不可否认，在知识增长缓慢，学习方式单一的传统社会，以知识占有者、传递者自居的教师，常常是知识的代名词。直至今日，相当多的教师在内心深处还是把自己当作知识权威来看待，认为自己在知识占有方面比学生高明得多，把师生之间的知识传递看作是"一桶水与一杯水"的关系。这样的教师很难容忍学生指出自己的失误。对此，教师应该有清醒的认识，应该有正确的应对之法。

点睛笔：

1. 教师主动承认错误，也就会坦承自己到底错在哪里，并且指出正确的表述方式。这样，可以让全班学生学到正确的知识点。

2. 教师承认错误，不但没有破坏教师形象，反而让学生觉得老师更加亲切。

19. ××都知道，你们知道吗

在课堂教学中，教师不仅要承担知识教学的任务，也承担着价值观教育的重任。对于课堂中知识的授受，教师不仅要考虑知识点是否容易被学生接受，而且还要思考知识传授的方式，是不是符合价值观教育的要求。当然，价值观教育涉及的内容和要求有很多。在这里，我们要讨论的是，教师在课堂教学中涉及的礼仪问题。毫无疑问，教师要为人师表，要在学校教育中讲究礼仪。

注重自身礼仪是教师的职业要求。教师作为一种教书育人的职业，自有其基本的职业规范和职业要求。礼仪是社会生活中人际交往的要求，注重礼仪是教师职业规范中非常重要的一项。教师在学校日常生活中、教学活动中，尤其是与学生互动的过程中，应讲究礼仪，以良好的形象和行为细节影响学生。

注重礼仪是教师潜在的教育力量。教师礼仪虽然是通过外在的一些形式表现出来，但反映的是教师内在的个人修养。彬彬有礼的教师，会令学生觉得老师更加可亲可敬；注重礼仪的教师，对学生来讲更具个人魅力，而教师的个人魅力是构成教师内在权威的核心。可以说，注重礼仪的教师，令学生更加信服，具有更强的教育力量。

培养学生礼仪是教师的基本任务。礼仪是文明的表现，作为学生要在学校生活中习得礼仪，作为教师则有义务培养学生的礼仪习惯。在学校教育中，可能有专门的教师用特定的课程让学生学习礼仪，但对于多数教师来说，并不见得有专门的时间来培养学生的礼仪。不过，这并不意味着他们没有任何培养学生礼仪的义务。这些教师则主要是通过"身教"的方式，来教育学生要注重礼仪。这样，教师自身的礼仪习惯，在身教的过程中就起着非常重要的作用。

在真实的课堂情境中，我们也会发现一些不和谐的音符：有的教师口无遮拦，把一些脏话随意地带入讲课之中；有的教师虽然不讲脏话，但在教学中运用的不恰当类比，却隐隐存在着礼仪问题。下面，我们将结合一则案例的阅读，一起来分析一下教师主导的不合礼仪的师生对话。

案例 19.1　不合礼仪的对话[①]

一位初一教师在教授"线段"时，为了强调"两点之间，线段最短"这一知识点，于是有这样一段对话：

师：你们知道狗是怎样抢骨头的吗？

生：知道。

师：狗抢骨头是"直端"跑过去，还是绕道跑过去？

生："直端"跑过去。

师：狗都知道"两点之间，线段最短"，你们知道吗？

生：知道。

案例 19.1 中，教师设计的教学对话，虽然紧扣学生的日常生活，学生理解起来没有什么障碍，但是不能否认的是，将学生与狗类比，有些侮辱学生的味道，而且是不合文明礼仪和师德修养的。教师为什么会这么设计教学，为什么会说出如此的话语？我想，其中的原因可以从以下两个方面进行分析。

[①] 杨守玉. 不合礼仪的对话 [J]. 四川教育，2005 (2-3).

一方面，教师把自己居于学生之上。教师与学生的分工和职责不同，但师生之间应该有着平等的地位，至少在人格上师生是平等的。阅读案例中师生之间的教学对话，我们可以感受到教师好像用一种居高临下的语气与学生说话。这么一段教学对话，与其说是师生之间的互动交流，还不如说是教师对学生的问话。在问话的背后，我们可以感受到，教师在潜意识中把自己与学生区分开来，而且把自己高居于学生之上。这样，居于学生之上的教师，也就不那么照顾学生的感受了，觉得把学生与狗类比是没什么大不了的事情了。

另一方面，教师缺少一种人文关怀。课堂教学中，除了知识教学的目标外，还有价值观教育的目标。教师应该结合教学内容，让学生的情感得到积极的体验，培养学生正确的价值观。案例中，教师的教学设计和问话，只从完成课堂教学的知识目标出发，而且，为了方便学生掌握知识点而有点不择手段。从中暴露出来的问题是，教师对课堂教学价值导向的理解存在着偏差，教师对学生缺乏一种基本的人文关怀，相应地自己的人文素养也有待提高。

那么，教师如何来克服课堂教学中礼仪缺失这一问题？除了加强教师职业道德修养，提高自己的人文素质外，还需要掌握一些课堂教学的礼仪规范。也就是，教师要加强礼仪规范的学习和训练，在课堂教学中注意自己的行为细节是否符合礼仪规范。例如，在师生教学对话时，教师的语气、语调要做到友好、冷静、诚恳，对学生不能使用蔑视、讥笑、讨厌、憎恶的语气，更不能对学生粗暴地大喊大叫。而且，教师的言语不能侮辱学生人格，也不能挖苦讽刺学生。

点睛笔：

1. 注重礼仪是教师职业规范中非常重要的一项。教师在学校日常生活中、教学活动中，尤其是与学生互动的过程中，应讲究礼仪，以良好的形象和行为细节影响学生。

2. 彬彬有礼的教师，会令学生觉得老师更加可亲可敬；注重礼仪的教师，对学生来讲更具个人魅力。

3. 礼仪是文明的表现，作为学生要在学校生活中习得礼仪，作为教师则有义务培养学生的礼仪习惯。

4. 教师与学生的分工和职责不同，但师生之间应该有着平等的地位，至少在人格上师生是平等的。

5. 课堂教学中，除了知识教学的目标外，还有价值观教育的目标。教师应该结合教学内容，让学生的情感得到积极的体验，培养学生正确的价值观。

6. 教师要克服课堂教学中的礼仪缺失，除了加强职业道德修养，提高自己的人文素质外，还需要掌握一些基本的课堂教学礼仪规范。

20. 准备不足的课堂提问

教师提问，学生回答，这是课堂教学中常见的场景。由于课堂问答是半开放性或开放性的教学环节，学生的回答不可能都是正确的，都是教师希望的答案。对于课堂问答，教师一般都会有所准备，而且与讲授的内容相比，一般会花更多的精力来准备。

精心准备提问，是强化二次教学加工的要求。在教学设计环节，教师要根据教学目标，对教学内容进行二次加工，并用恰当的教学方法来组织学生学习。问答教学法是其中一种基本的教学方法。要使用好这种教学方法，课前精心准备提问是重要的环节。教师要根据教学目标，根据问答教学法的要求，进一步组织加工教学内容的呈现方式。

精心准备提问，是提高师生互动实效的前提。在课堂教学中，师生问答是主要的师生互动方式。师生一问一答这种教学方法，固然能够提高学生的课堂参与程度，活跃课堂教学的气氛，但是一旦设计粗糙、组织无力，也可能会流于形式，浪费宝贵的课堂教学时间。教师对课堂提问的精心设计和准备，能够促进课堂中的师生互动，而且还能够提升课堂教学的质量。

在真实的教学活动中，也有的教师对课堂提问准备不足，就冒失地在教学中问学生一些不合适的问题。这样，就可能使课堂教学偏离正常的轨道。下面，我们将结合案例的阅读，来分析一下教师课堂提问准备不足所存在的行为细节问题。

案例 20.1　把钓鱼人丢进海里[①]

二年级的学生正在学习《带着尺子去钓鱼》一文。文中说，在丹麦，钓到 22 厘米以下的鱼必须放生，否则会受到严厉的惩罚。教师问学生："他们会受到怎样严厉的惩罚呢？"学生大胆想象："把钓鱼人丢进海里！没收他所有的钱！""让他坐牢 20 年。""判他无期徒刑。""枪毙！"……

案例 20.1 中，教师问了一个并不恰当的问题。教师本来期望通过课堂提问，来引导学生理解《带着尺子去钓鱼》一文的一个教学目标，即作为公民要遵守法律。但是，由于教师在课堂提问的细节方面处理不当，造成了学生的回答与课文倡导的理念正好相反，变成了随心所欲地惩罚钓鱼人、草菅人命。具体来说，教师在课堂提问准备的行为细节管理方面，存在的问题有以下几点。

第一，没有在课前让学生查找相关资料。案例中，二年级学生学习的课文《带着尺子去钓鱼》，讲的是发生在丹麦的事情。对于二年级学生来说，教师提的问题——"他们会受到怎样严厉的惩罚呢"，离他们的日常生活有较大的距离。如果想让学生比较准确地回答问题，应该提前一段时间让学生去查找资料，了解钓鱼违规到底会受到什么样的严厉惩罚。这样，学生在课前通过自己的努力，已经知道了答案，那么在课堂上也就不需要盲目乱猜了。

第二，没有给学生一些必要的信息提示。案例中，"他们会受到怎样严厉的惩罚"这一问题，并不是这篇课文的主旨，这一回答也不是直接关乎教学目标。说起来，这只是一个过渡性的问题。教师没有太大的必要设计这一课堂提问，让学生来猜测答案。其实，对于这一知识点的教学，教

[①] 江和平. 有多少教学细节可以重来 [J]. 中国教育报，2008-7-4.

师以自问自答的方式,直接告诉学生也未尝不可。假如教师坚持要设计这一课堂提问,那么除了课前让学生去查资料外,也可以在课堂中提供一些有关信息,让学生通过分析信息来得到正确的答案。

第三,没有及时地告知学生正确的答案。案例中,教师在提问之前,对于学生问答的引导和管理,是很不到位的。我们承认,为了让学生感受到惩罚的严厉,也可以让学生猜一猜到底要受什么样的惩罚。但是,当学生"信口开河"时,教师不应听之任之,最好实事求是地告诉学生:"六个月的监禁。"一条鱼与六个月的人身自由相比,惩罚之严厉学生一目了然。[①] 案例中,教师没有在恰当的时机打断学生,及时告知学生正确的答案,反映出教师准备的不足和课堂掌控能力的欠缺。

基于以上的分析,我们知道,教师在准备课堂提问时,通常有自己预设的答案,希望学生的回答在自己的预料之中。教师对学生的回答有所估计,但也不能把学生的答案完全框定在自己的预设中。这是因为教师的课前准备,并不能完全预料课堂中的教学生成。对于这一点,需要教师一点临场应变的机智。如果一定要准备的话,教师不妨在相关案例中,多学习借鉴一下类似的经验教训。

案例 20.2 意想不到的学生回答[②]

有一位教师启发学生猜想圆的周长与什么因素有关。有的同学说,与半径有关;有的同学说,与直径有关。可是有一个同学却说:"圆的周长与半径和直径都有关。所以我想把半径与直径加起来,再来研究与周长的关系。"教师完全没有想到学生会这样回答,而他的教案中又只设计了要么根据半径发现周长与半径的关系,要么根据直径发现周长与直径的关

[①] 江和平. 有多少教学细节可以重来 [J]. 中国教育报,2008-7-4.
[②] 史燕君. 对小学数学课堂教学中几个问题的探讨 [J]. 云南教育(小学教师),2008(6).

系。当时这位教师只好说，你的想法挺独特的，不过我们就不在这节课上来研究了。过后教师反思说，自己备课太不充分了。

案例20.2中，当一个学生的回答出乎自己意料，教师觉得在课堂中没有处理好，并且把原因归结为备课不充分。实际上，问题的关键不在于我们把课备得天衣无缝，而在于遇到这样的情况，教师要有应变能力，适当地调整自己的教学进程，既要尽可能地保护学生的积极性，又要保证正常的教学活动。教师完全可以较为灵活地处理好这一"意外"生成。

比如，一种可行的做法是：让该组学生按照他们的研究思路去研究，结果无非会出现周长是半径加直径的两倍多一点。也可以让别的小组对此问题发表看法，鼓励大家一起来讨论。由于这节课的内容是安排在学生已经学过半径与直径的关系之后，通过同学们的讨论，必要时教师再稍稍启发一下，学生是完全可以发现这样的结论："如果知道直径与周长的关系，也就知道半径与周长的关系，反过来也如此。两者各是一个影响因素，不用加起来。"这时再让学生任意选择半径或直径来研究它们与周长的关系，教学过程就能顺利地回到预先设计的轨道上来。[①]

总之，教师对于课堂提问的准备，除了清楚问题的正确答案外，还要对学生可能的回答有所估计。与此相关的是，教师要对所提的问题本身有所设计、有所准备。教师尤其要注意的是，并不是所有的问题，都适合在课堂中用于师生问答的。

[①] 史燕君. 对小学数学课堂教学中几个问题的探讨 [J]. 云南教育（小学教师），2008（6）.

点睛笔：

1. 在教学设计环节，教师要根据教学目标，对教学内容进行二次加工，并用恰当的教学方法来组织学生学习。

2. 师生一问一答这种教学方法，固然能够提高学生的课堂参与程度，活跃课堂教学的气氛，但是一旦设计粗糙、组织无力，也可能会流于形式，浪费宝贵的课堂教学时间。

21. 接二连三的多个问题

课堂教学中，提问是组织教学的有效方式，师生问答是重要的师生互动方式。课堂中的提问是必不可少的，否则，教学就成了教师的一言堂。倡导教师提问，不是说教师可以随便提问，可以不考虑学生的接受能力而随意提问。比如说，教师连着问几个问题，即把多个问题打包给学生，再让学生一起来回答。教师这么做，似乎是提高了提问的效率。表面上看，教师把几个问题集中起来，使提问有连贯性；学生可以集中精神，思考几个相关的问题。但事实并非那么简单。课堂中教师接二连三地提问，应该是弊大于利。其中，最大的问题就是学生不容易记住多个问题。

作为未成年的学生，由于身心尚未发展成熟，所以注意力、理解能力和思考能力，皆不如成年人。要回答连续不断的几个问题，成年人都有可能听不完整所有的问题，更何况是未成年的学生，尤其是年龄偏小的小学生。既然一时之间记不完整多个问题，那么也就谈不上集中精神连贯地思考几个相关的问题。这样一来，当教师接二连三提问之后，不少学生可能要花很多精力在记问题上面，在回忆老师刚才提的问题上面。对于那些学习上有些困难的学生来说，多个问题更令他们感到头昏眼花、无所适从了。

下面，我们将结合一则案例的阅读，来进一步分析是什么原因导致了教师在课堂中接二连三地提问？

案例 21.1 一连提出好几个问题[①]

在执教《荷叶圆圆》时,一位教师为了让学生初读课文时有所思,在学生初读课文前提出问题:荷叶有哪些朋友?他们把荷叶当成自己的什么?他们又是以怎样的姿势出现在荷叶身边的?听着这么多的问题,一年级的孩子一脸茫然。

案例 21.1 中,教师在学生朗读课文前,连续不断地提出了三个问题,让一年级学生边读课文边思考。教师提出的问题多而杂,一年级的孩子很难记得住,更不用说边阅读边思考三个问题了。教师问出的三个问题,对学生的听觉来说是一种听力负担,在学生阅读课文时也是一种心理负担。假如学生带着负担去阅读,那么先不用说学生能否完成教师布置的阅读任务,能否在阅读结束之后回答教师的问题,更严重的是,课标中提出的"喜欢阅读,感受阅读乐趣"的目标是难以完成的。

接二连三的提问,实际的效果常常是低下的。那么,在提问之前,教师为什么不去考虑提问的效果,为什么会进行连续不断地提问题?其中的原因可以从以下几方面进行分析。

其一,教师缺少对学生的了解。学生的学习基础、学习能力、学习状态,是教师进行课堂提问设计的重要衡量指标。教师要了解学生的身心特征和学习情况,才能设计出适合提问学生的问题。假如教师缺少对学生必要的了解,那么必然只是从自己主观的理解出发,对假想的学生进行提问设计。这样一来,教师设计出连续多个的提问,也就不怎么奇怪了。

其二,教师缺乏对教材的理解。我们相信,教师只有吃透了教材,才能用好教材、教好教材。如果教师对教材的理解不深,那么对于什么知识点应该设计什么样的问题,就无法做到了然于胸。相反地,教师如果对教

[①] 周金梅. 减负,先从课堂细节开始 [J]. 中国教育报,2009-9-29.

材有深刻地把握，那么设计出来的问题，就可以精炼一些，能够做到有的放矢，而不必用多个问题去提问学生。

其三，教师缺少对提问的研究。提问是一门学问。提问有着专门的要求，有着特殊的技能技巧。在什么时候提问，提什么样的问题，是很有讲究的。教师如果不去了解、学习如何提问，不去总结教学实践中提问的成功经验和失败教训，那么，就很可能搞不清楚这样的道理：对不同的对象要提不同的问题，对小学生来说，尤其不能连续不断地提多个问题。

我们反对教师连续提多个问题，并不意味着反对教师提问。以案例21.1为例，让学生养成边读边思考的习惯，在读之前提问题、提要求是可以的，但必须根据孩子的心理特征，提些精炼的、孩子感兴趣的问题。上述那位老师可以提"荷叶的朋友是怎样和他玩的呢？"这样，一个"玩"字激发了学生阅读的兴趣，一个问题替代三个问题，能够吸引学生专注思考。[1]

> **点睛笔：**
>
> 1. 当教师接二连三提问之后，不少学生可能要花很多精力在记问题上面，在回忆老师刚才提的问题上面。对于那些学习上有些困难的学生来说，多个问题更令他们感到头昏眼花、无所适从了。
>
> 2. 学生的学习基础、学习能力、学习状态，是教师进行课堂提问设计的重要衡量指标。教师要了解学生的身心特征和学习情况，才能设计出适合提问学生的问题。
>
> 3. 教师如果对教材有深刻地把握，那么设计出来的问题，就可以精炼一些，能够做到有的放矢，而不必用多个问题去提问学生。
>
> 4. 提问是一门学问。提问有着专门的要求，有着特殊的技能技巧。在什么时候提问，提什么样的问题，是很有讲究的。

---

[1] 周金梅. 减负，先从课堂细节开始［J］. 中国教育报，2009-9-29.

22. 遭到驳斥的学生回答

课堂教学中,教师提问之后,会要求学生做出回答。一般来说,学生的回答都在教师的预料之内,教师也知道如何回应学生的回答。但事情毕竟不是那么绝对的,由于学生的发散思维,教师也就不能完全估计到学生的想法。有的时候,学生的回答会大大出乎教师的预料,与教师心目中的"标准答案"大相径庭。对于学生的意外回答,有的教师虽然感到意外,但还是会鼓励学生的创造性思维,并且还能随机应变,把学生特别的回答与课堂教学情境结合起来,巧妙地融合于其中;有的教师虽然不会批评学生,但是对于学生意料之外的回答,则是一笔带过,顶多说句课后再讨论,甚至不作反馈就让学生坐下;有的教师对于学生"出格"的回答,格外不能容忍,在学生回答之后,就以不友好的语气,否定、驳斥了学生的回答,甚至以违纪为理由来批评学生。

有的教师为什么会选择驳斥学生的回答?可能是他们对于学生的回答,不知道如何处理比较合适,为了维护教师的权威,情急之下先给予否定再说;也可能是他们觉得学生是故意捣乱,不配合课堂教学,为了以正课堂纪律,当然得严厉批评一番,好让其他学生引以为戒。实际上,学生藐视教师权威,故意在课堂中找茬,这种现象不能说没有,但应该并不多见。而且,教师冷静一些的话,对此也比较容易地做出识别。教师对学生出乎意料的回答束手无策,只能说明教师的教学准备还有所欠缺;教师一概地驳斥学生的回答，则说明教师对学生的判断存在偏差，教师自身的教学智慧还有待培养和提高。

下面，我们将结合三则案例的阅读，对教师驳斥学生回答的行为细节，进行具体的分析。

案例 22.1　你的回答不合适，重新想[1]

练习课上，教师进行成语教学：赴汤蹈火、冲锋陷阵、视死如归、奋不顾身、先人后己、舍己为人、出类拔萃、卓尔不群、永垂不朽、万古长青。引导学生理解了成语的基本意思后，教师提问："看到这里的某一个成语，你会想到谁？"学生很自然地回答从某个成语，想到了狼牙山五壮士、刘胡兰、董存瑞、邱少云、雷锋、孔繁森，等等。可有一位学生说，看到"永垂不朽"想到了秦始皇。教师很惊讶，急忙反驳："不合适！重新想！"学生悻悻地坐下。

案例 22.1 中，教师在帮助学生基本理解一组成语之后，提了"看到这里的某一个成语，你会想到谁"这么一个问题，来试图加深学生对成语的理解。学生的回答大多在教师的意料之中，但有一学生回答说，看到"永垂不朽"想到了秦始皇。这个学生的回答着实让教师吃了一惊，教师急忙对学生的回答进行了否定和驳斥。教师做出的回应是"不合适！重新想"。这一行为细节，其实也出乎学生的意料。学生觉得自己的回答是有依据的，至少有自己认为合理的理由的，教师不分青红皂白，不追问理由，就驳斥了学生的回答，真是令人难以接受。

我们来追问一下，什么样的人才能称得上"永垂不朽"？在教师的心目中，希望学生回答的是英雄、烈士、人民公仆，是已经公认的或能被当今社会话语体系认可的人物。然而，学生从课外书或别的途径得知秦始皇

---

[1] 江和平. 有多少教学细节可以重来 [J]. 中国教育报，2008-7-4.

统一了中国，非常了不起，因而有了这样的认识。这时，既然学生的回答出乎教师的意料，教师不妨追问一下，学生为什么会这样想，从而产生真正意义上的对话——智慧的碰撞。自然，教师对秦始皇是否可以被赞誉为"永垂不朽"，也许一时不知该如何下结论，但也不需要回避，教师可以与学生共同带着问题讨论，甚至可以走出课堂去寻找答案。[1] 分析到这里，我们已经明白，学生的回答未必毫无道理，学生出乎意料的回答，换个角度看是潜在的教学资源。教师应该把握住这一细节，机智地利用这一教学资源，帮助全班学生深刻地理解"永垂不朽"。

案例 22.2　回答问题前要多动脑筋，不要乱说[2]

一个学生在学《七根火柴》时说："老师，我觉得无名战士很傻。他为什么不用一根火柴点一堆火烤烤？这样他也许就能活下来，那时再与敌人战斗，假使牺牲了，他的生命价值重于泰山。"教师生气地说："胡说，以后回答问题前要多动脑筋，不要乱说。其他同学以后也要注意，知道吗？"教室马上安静下来，气氛有些紧张。

案例 22.2 中，教师可能让学生说说对无名战士的印象。教师希望学生做出的回答应该是：无名战士具有无私奉献的精神，并且对革命事业无限忠诚。然而，一个学生说无名战士很傻，学生的回答显然大大出乎了教师意料。尽管学生说明了自己的理由，尽管学生的理由也有一点道理，但是教师却对学生的解释置之不理，直接把学生的观点斥之为"胡说"。案例中，教师的行为细节存在的问题，可以从以下方面进行分析。

首先，对学生的回答，生气地做出反驳。案例中，学生的回答是自由地发表自己的见解，而且至少在他自己看来是有理有据。学生的回答仅仅

---

[1] 江和平. 有多少教学细节可以重来 [J]. 中国教育报，2008-7-4.
[2] 符太胜，王培芳. 论多元价值观背景下的课堂价值观冲突 [J]. 思想理论教育，2005（12 上）.

是表达自己的观点，尽管这一观点有不成熟的地方，有值得商榷的地方，但学生毕竟不是故意捣乱，因此，教师完全没有必要因学生的回答而生气发怒。

其次，斥责学生，还要学生以后别乱说。案例中，学生的回答仅仅与教师心目中的答案差距太大，教师就斥责学生"胡说"，还命令学生"以后回答问题前要多动脑筋，不要乱说"。教师这一言语行为，严重打击了学生的积极性，很容易让学生对教师产生不满。

最后，对其他同学也提出了相同的要求。教师在驳斥回答问题的学生之后，还要求其他同学"以后也要注意"。教师对善于动脑学生的驳斥，很多学生内心未必会认同。而教师不但对回答的学生进行了斥责，而且还把"以后回答问题前要多动脑筋，不要乱说"这一"无理"要求，强加给所有的学生，这必然会导致更多的学生产生更多的不满。

总之，案例22.2中的教师不仅对学生出乎意料的回答，缺少应对的机智，而且还自认为自己高高在上，不容冒犯，强制地命令学生服从于教师，按照教学参考书提示的"标准答案"来回答。

案例22.3 受到批评的"快嘴"学生[①]

前不久到学校听课，在一节历史课上发生了这样一幕：教师让学生评价秦始皇。有一快嘴学生喊道："秦始皇好色，天天进歌厅。"教师愕然，学生哄堂大笑。但教师很快"反应"过来，厉声斥道："思想复杂，捣乱课堂，闭嘴！""快嘴"学生羞愧地垂下了头。

案例22.3中，学生对于秦始皇的评价，与教师暗中确定的"标准答案"大相违背。教师的反应有点过激，严厉地斥责了学生，使学生羞愧地垂下了头。教师驳斥学生回答的行为细节，有以下几方面的问题。

---

① 方勇. 关注教师教学行为中的细节缺失[J]. 宁夏教育，2009（6）.

首先，教师违背了新课程要求的师生平等、教学民主等精神。这位教师虽然教学经验老到，但没有意识到学生"最近发展区"可能存在的问题，以致临场处置方法不当，违背了新课程的核心理念——一切为了学生的发展。虽然他维护了教师的"权威"，但是他失去了教育学生的良机。

其次，教师没有机智处理教学中的突发事件。这位教师从教多年，诸如此类的课堂突发事件，不可能第一次碰到，但这位教师显然缺乏教学机智，只是一味地堵，一味地打压。这样做好像维护了教师所谓的"权威"，可是这位"快嘴"学生能信服吗？全班学生能心服口服吗？面对课堂上发生的"突发事件"，案例中的教师由于缺乏教学机智，不能正确处置。

再次，教师没有做到有效地利用潜在的教学资源。案例中，"快嘴"学生的思维是跟着教师的思路在走，说不准，他还是一位积极思考的学生呢；评价秦始皇好色，这是学生对秦始皇奢侈腐化生活的世俗化表达，不能不说有一定的道理；对于如何看待古代帝王的糜烂生活，教师应充分利用历史学科知识进行分析，正确引导，以理服人。面对课堂教学中生成的问题，这位教师不知如何捕捉有效教学资源，令其白白流失掉，非常可惜。

最后，教师没有注意到历史与现实的联系问题。案例中，"快嘴"学生喊出"秦始皇天天进歌厅"不是偶然的现象，反映了学生对当前一些社会现象的自我认识，学生把这种社会现象与秦始皇所处时代不正确地联系在一起，用今人的眼光来看待秦始皇，这显然是不对的。但这位学生已有一点古今联系的意识，只不过这种意识尚处在萌芽之中，需要得到教师的培养而已。教师缺乏对学生知识背景、生活感受的把握与分析，缺乏历史与现实的辩证统一。[①]

---

① 方勇. 关注教师教学行为中的细节缺失［J］. 宁夏教育，2009（6）.

点睛笔：

1. 教师对学生出乎意料的回答束手无策，只能说明教师的教学准备还有所欠缺；教师一概地驳斥学生的回答，则说明教师对学生的判断存在偏差，教师自身的教学智慧还有待于培养和提高。

2. 教师应当充分有效地利用潜在的教学资源，不能不分青红皂白，不追问理由盲目地驳斥学生的回答，伤害学生课堂的积极性。

23. 等一等，再纠正学生错误

在课堂教学中，教师遇到学生回答问题错误，通常的做法有：直接指出学生的错误，并告诉其正确的答案；指出学生的答案是不正确的，请其他学生回答；暂时不指出学生的错误（实际上在其非言语行为中，已经暗示学生的回答是不对的了），请其他学生回答之后，再一并进行反馈……这几种处理方式的共同之处在于：教师以不同的方式，明示或暗示学生回答的错误，再以不同的方式尽快纠正学生的错误。不同之处在于：如果教学时间充足一点，则请其他学生来纠正说错答案的学生；如果教学时间紧张，则直接纠正学生的错误。

以上几种纠正学生错误的方式，反映的共同问题是：很多教师在教学中缺少等待的耐心，总是担心时间被耽搁而完不成教学任务，把学生的提问、思考、解答当作例行公事。其实，要让学生的主体作用发挥到极点，要让学生的潜在能力发挥到极致，教师就必须学会忍耐和等待。在"急火"的课堂，教师看到的只是少数好学生的"红火"。更多的学生需要像茶叶一样慢慢化开，此时就需要教师为之提供充分的时间。例如，教师等一等，给学生交流的机会；教师等一等，给学生思考的时间；教师等一等，给学生展示的舞台；教师等一等，给学生反思的过程。所以，等待学生是教师最基本的职业操守和职业幸福。[1]

再回到在课堂教学中纠正学生回答错误这一问题。除了以上几种做法外，教师还可以等一等，通过一些必要的追问和提示，让学生自己意识到自己的错误，再通过自己的认知，来改正这一错误。

案例 23.1　等一等，纠错水到渠成[2]

一次帮一名生病的老师代课，我走进了一年级的课堂。教学的内容是"认数"练习，主要是让学生完成课本第 34 页上的练习五。

书中的第 2 题是这样的——

(1) 十位上是 5，个位上是 0 的数是（　　）。

(2) 个位上是 8，十位上是 7 的数是（　　）。

(3) 十位上是（　　），个位上是（　　）的数是（　　）。

在处理第（3）小题时，我让学生先想想，再填填，然后交流结果。

师：这一题可怎么填呢？

生：随便。

一般情况下，老师们是不会太注意这种错误的，大多一带而过（或不予理会，或指出错误，或让其他学生代答）。但我意识到这种"花蕾"是需要细心浇灌、耐心守候的，因为它有着不寻常的教育价值。

师：咦？"随便"是什么意思？其他同学明白吗？

生：就是什么数都能填。

师：噢！明白了，同学们真不简单，能看出这里的答案不是唯一的。

师：那最后一个括号里可以填多少个数呢？（洞察到这里的教育价值，即时生成问题，启迪学生思维的深入）

---

[1] 严育洪. 这样教书不累人 [M]. 北京：教育科学出版社，2009：138-139.

[2] 周卫东. 每朵花都有绽放的季节 [EB/OL]. http://blog.sina.com.cn/s/blog_5e641d9b0100en6a.html.

生：99个。

师：怎么是99个呢？

生：这里是两位数，最大的两位数是99。

师：哇！太厉害了，最大的两位数你都知道。但是——（转身在黑板上划了两个框框表示两个数位），你们的意思就是这里面可以填任意一个数，是这样的吗？（以直观来明晰道理）

生：不能，前面的框不能填0。

师：噢？不能填0？

生：十位上的数不能是0。

师：明白吗？那是不是99个呢？

生：没有99个。

师：考考你们，准确的数是多少？相信咱们班同学一定能想出来。可以讨论讨论。

生：是90个。

师：同意吗？

师：那最后一个括号里填的数，最小的是多少？最大的是多少？

生：最小的是10，最大的是99。

师：太好了，为我们的精彩回答鼓掌！

在案例23.1中，学生回答的"随便"、"99个"是错误的答案。对于这一细小的错误，教师并没有直接纠正，让其在教学进程中匆匆而过。教师敏锐地抓住了这一教学细节，充分挖掘这一潜在教学资源的价值，在"等一等"的过程中，启发学生自己发现错误，并引导全班学生共同寻找正确的答案。教师的等待，生成了精彩的师生互动，不但纠正了学生的错误，而且培养了学生的数学思维，促进了学生独立思考、养成主动学习的习惯。

分析案例 23.1 中教师等一等再纠正学生错误的做法，有几处行为细节值得我们注意。

第一，通过追问学生"随便"是什么意思，引起学生思考的兴趣，等待学生回答出"随便""就是什么数都能填"。

第二，追问学生"最后一个括号里可以填多少个数"，等待学生做出"99 个"的回答，这样使学生回答的错误更加清晰化。

第三，通过直观演示的方法，等待学生自己回答出"十位上的数不能是 0"，进而让学生自己得出"99 个"这一答案是不正确的。

第四，等待学生通过讨论得出正确的答案，即"90 个"，通过提问让学生回答"最小的是多少，最大的是多少"。

第五，对于学生们的精彩表现给予了表扬。

实际上，教学中的等待无处不在。不仅是对于学生的回答要等一等，教师在提问之后，不妨多花一点时间候答，让学生多思考一下，再请学生来回答。提问之后较长时间的候答，一般不是真的在浪费时间。

课堂提问行为研究专家玛丽布蒂若通过几年的研究发现，大多数教师等待学生回答的时间不到 1 秒，也有一些教师 3 秒左右。她比较了这两种情况对学生发言的影响，发现在等待时间较长（3 秒或 3 秒以上）的情况下，将产生更富有思考的回答、更多的课堂讨论，以及对问题情境更具有批判性的分析。学会等待的好处还包括：

(1) 学生回答问题的长度增加了 400%～800%；

(2) 学生主动且正确回答的数量增加了；

(3) 学生回答错误或失败的数量减少了；

(4) 学生的自信心增加了；

(5) 学生更主动、自发地提出问题；

(6) 较差的学生也比以前贡献更多（增加的范围在 1.5%～37% 以

上）；

（7）产生了各种各样的回答——创造性的思维增加了；

（8）纪律问题减少了。

点睛笔：

1. 当遇到学生回答问题出现错误时，教师可以等一等，通过一些必要的追问和提示，让学生自己意识到自己的错误，再通过自己的认知，来改正这一错误。

2. 教师的等待，有利于生成精彩的师生互动，促进学生独立思考、养成主动学习的习惯。

3. 在等待时间较长（3秒或3秒以上）的情况下，学生将产生更富有思考的回答、更多的课堂讨论，以及对问题情境更具有批判性的分析。

24. 不必每次都告诉学生答案

在教育教学活动过程中，教师承担着"传道、授业、解惑"的重任。对于学生在学习过程中遇到的问题，教师有着义不容辞的"解惑"义务，应该给予学生及时的、有效的帮助。学生学习有困难来找老师，老师一般会直接告诉其答案。在多数情况下，教师这样的处理方式，应该说没有什么问题。但是，对于学生请教的问题，教师是否每次都要直接告知其答案？答案是否定的。教师直接告知学生答案，不见得是最好的帮助方式；在多数情况下，教师应该告诉学生获得答案的方法，并且在这个过程中提供必要的支持和帮助。为什么这么说呢？

一方面，有利于学生摆脱依赖，养成独立思考的好习惯。学生学习上遇到不难克服的问题，却不愿意自己努力一下，尝试着解决，而直接去请教老师，让老师告知正确答案。有的教师遇到这种情况，可能没有甄别学生是否遇到个人难以克服的问题，就直接告诉学生答案。教师这样做，虽然帮助了学生，让学生很快就知道了答案，但是，却剥夺了学生自己独立思考、自主解决问题的机会。久而久之，学生会对教师形成一种依赖心理，一遇到问题，不愿意先靠自己的力量去解决，只想到去找老师寻求帮助。

再来看另外一种处理方式：教师根据学生的学习能力，对于学生的问题不直接告知答案，而是告知学生解决问题的方法和思路，让学生自己想办法去寻找答案。与前者相比，后一种处理方式，显然更能培养学生独立自主的学习习惯。

另一方面，有利于学生掌握解决问题的方法，提高学习能力。学生在学习上遇到的问题，在容易找到教师帮忙的情况下，固然可以让老师帮助自己，告诉自己正确的答案。但是，假如教师每次都直接告诉学生正确答案，而不管学生是否理解、是否掌握解决问题的方法，那么，当学生今后遇到类似问题，却又找不到老师帮助时，或者是不方便、不能找老师帮忙（比如考试）时，请问这个时候学生又能怎么样呢？

我们都知道"授人以鱼，不如授人以渔"。当学生向老师请教学习问题时，教师应该尽可能告知学生解决问题的方法，并且提供必要的帮助，让学生能够自己去解决问题。这样的帮助，学生才能不但知其然，而且知其所以然。而且，教师这样做，也有利于帮助学生掌握解决问题的方法，学生在今后遇到类似问题时，能够独立自主地解决。这样，才真正有助于学生提高学习能力。

下面，我们将结合案例的阅读和分析，进一步讨论教师不必每次都告诉学生答案这一行为细节。

案例 24.1　查字典太麻烦了[①]

一次，一个学生向教师请教一个多音字的读法，教师不假思索地告诉了他。这时，只听他的同桌说："你不会自己查字典吗？"他听了漫不经心地回答："那太麻烦了！"后来，自习课上向教师请教的学生愈来愈多，以前要求每人必备的汉语词典也悄然隐退，学生变得越来越不愿意动手，独立思考能力也逐渐减弱。

在案例 24.1 中，对于学生请教一个多音字的读法，教师不假思索地告

---

① 严育洪. 这样教书不累人 [M]. 北京：教育科学出版社，2009：196.

诉了学生正确的答案。教师这一行为细节，值得肯定之处在于：对于学生学习上的请求，给予了及时的回馈，帮助学生获得了正确的答案。但细想一下，教师的行为也存在着一些不足之处。

首先，没有分析学生遇到问题的难易程度。在案例中，我们注意到，对于学生请教的问题，教师是不假思索地告诉了学生答案。教师的不假思索这一行为细节，首先透露出来的信息，就是教师对学生遇到的问题本身没有进行分析。其实，了解多音字的读法，并不是一件非常困难的事情，学生完全可以借助于工具书，自己去获得正确的答案。

其次，没有分析学生请教问题的真实原因。案例中，学生为什么要请教教师多音字的读法？表面的原因是，学生不知道、搞不清楚多音字的读法，希望从老师那儿获得帮助。更深层的原因是，学生觉得通过自己查字典来获得答案，与直接问老师相比，显得"太麻烦了"。这说明，学生请教老师多音字的读法，有着偷懒的动机在里面。对此，教师估计没有形成清晰又深刻的认识。

最后，没有为学生的发展提供恰当的帮助。案例中，学生其实知道如何靠自己去获取答案，也有能力靠自己去获得答案，但是，教师的"帮助"，却在无形中剥夺了学生一次自主学习的机会。相对而言，教师不直接告诉学生答案，或许是更为恰当的处理方式。教师的做法可以是，反问学生查字典有没有困难，在查多音字读音方面需要什么样的帮助。如此，想必学生也就不好意思再偷懒了吧！

点睛笔:

1. 教师总是直接告诉学生答案,会剥夺学生自己独立思考、自主解决问题的机会。久而久之,学生会对教师形成一种依赖心理,一遇到问题,不愿意先靠自己的力量去解决,只想找老师寻求帮助。

2. 当学生向老师请教学习问题时,教师应该尽可能告知学生解决问题的方法,并且提供必要的帮助,让学生能够自己去解决问题。

25. 给学生留一点知识的缺口

教师是学生学习的支持者和帮助者，而不是简单的知识灌输者。教师在组织教学活动时，要给学生多留一点自主发挥的余地，不能帮学生"帮"得太多，让学生不用多动脑筋学习，新知识就能信手拈来。学生其实有很强的自主学习能力，在学习方面有很大的可塑性。在课堂教学中，学生其实不需要太"圆满"的知识，有时"圆满"的教学反而会让学生"缺钙"。因为学生对知识天生好奇，他们的需要就是想探索知识的奥秘。在他们能够"自力更生"的时候，他们就不需要教师过多地干涉他们的"艰苦奋斗"。此时，教师应该多给学生留一些知识的"缺口"。[1] 教师在教学中，特意给学生留点知识的缺口，有什么好处呢？

从学生的角度来说，能够培养学生自主钻研、独立思考的学习精神。在课堂教学中，教师讲得越多、做得越多，相应地学生在课堂中的自主发挥空间就越小。而假如多给学生留一点自主探索余地，让学生通过自己的努力寻找解决问题的答案，那么，在这个过程中，虽然会多花点时间，教师要多花点工夫，但长此以往，对学生自主钻研、独立思考的学习精神的养成和相应学习能力的提升，是非常有帮助的。而培养学生自主钻研、独立思考的学习精神和学习能力，恰恰是新课程改革所倡导的。

---

[1] 严育洪. 这样教书不累人 [M]. 北京：教育科学出版社，2009：11.

从教师的角度来说，能够发展掌握全局的意识，提升教师教育智慧。与严格按照预设的教案亦步亦趋地让学生学习相比，放手让学生自主探索学习，显然对教师的教学技能和教学水平有更高的要求。教师要组织好学生的自主探索学习，引导学生独立寻找教师刻意留下的知识缺口，需要有一种掌握教学全局的意识和能力，并且能够做到临场机智地处理某些突发的教学情况。所以，在课堂教学中，留个知识缺口给学生自学，并不能说明教师的能力不强。教师要做到这一点，不仅需要综合的教学能力，而且在教学实践的过程中，能够给教师提供不断发展自己专业水平，提升教育智慧的机会。

案例 25.1　不给学生过多的提示[①]

在教小学数学"平行四边形面积计算"一课时，教师通常会事先在平行四边形的纸上帮学生或让学生画好一条高，然后通过"剪、移、拼"的操作推导出平行四边形面积的计算公式。我在教学这一内容时，不给学生画高的提示或暗示，而是留下这一"缺口"，让学生自己在实验中自寻出路。

案例 25.1 中，介绍了两种"平行四边形面积计算"的教学设计。第一种设计，教师事先帮学生或让学生在纸上做好标记，然后让学生根据教师的提示，通过"剪、移、拼"的操作推导出平行四边形面积的计算公式。案例中后一种做法，虽然同样提供给学生纸折的"平行四边形"，但是教师没有在纸上画高的提示或暗示，而是让学生通过自主探索，在自己的试验中得出平行四边形面积的计算公式。后一种做法，似乎教师并没有给学生提供多少"帮助"，只是放手让学生去自己学习，但相比较而言，后一种做法，应该是更负责任的做法。

---

① 严育洪. 这样教书不累人 [M]. 北京：教育科学出版社，2009：11.

为什么说，前一种做法看似减轻了学生学习的负担，但并不是一种更为可取的做法呢？

第一，没有把学生独立探索能力的培养，放到更加重要的位置。在教学"平行四边形面积计算"之前，"帮学生或让学生画好一条高"，固然可以让学生较为容易地推导出计算的方法，可以紧紧掌握课堂教学节奏，控制和节省教学时间，但是，这种做法却是以减少学生独立思考与探索的机会为代价的。教师这么做，实则是把知识点的教学置于培养学生自主学习能力之上。而现代教育理念告诉我们，学生独立探索能力的培养，要远远比知识点掌握来得重要。知识点掌握了也顶多是多记住了一个知识点，独立自主学习能力培养起来了，学生就可以在今后的学习与生活中，依靠自己的力量学到更多的知识。

第二，没有把学生学习知识的情感体验，放入到课程设计当中。加强学生情感、态度、价值观的熏陶和体验，是新课程改革对课程设计的一个要求。案例中，前一位教师的做法，为学生提供了过多的帮助，估计也会对学生发出较多的指令，学生只要跟着教师的思路，依着教师的要求，亦步亦趋地跟着学习就可以了。在这样的学习过程中，学生无需有很多自己的探索，因为教师几乎把学生学习所需要的所有路都铺好了，把有可能阻挡学生学习的所有桥都架好了。也就是说，学生只要跟着教师转就可以了，而且也只能跟着教师转。在这个过程中，学生的情感体验、学习态度转变和价值观的熏陶，相对于让学生自主探索学习，就显得薄弱了很多。

第三，回避了让学生自主学习带来的挑战，放弃了提高的机会。放手让学生自主学习、独立探索，会给教学带来更多的困难，同时也会增加一些不可控制的因素，这对教师的教学能力来说，是全面的挑战。教师假如正面挑战，积极应对，那么，这样的挑战可能转化为提高自己教学水平的机会。案例中，后一位教师不给学生画高的提示或暗示，貌似偷懒了，实则是让学生正视学习带给自己的挑战，并且把挑战作为自我提高的一次机会。前一位教师教学前"帮学生或让学生画好一条高"，貌似是认真负责的表现，实则是回避了放手学生自主学习带来的挑战，放弃了自己在应对挑战过程中的成长和发展。

> **点睛笔：**
>
> 1. 教师在组织教学活动时，要多留一点余地给学生自主发挥，不能帮学生"帮"得太多，让学生不用多动脑筋学习，新知识就能信手拈来。
>
> 2. 教师多给学生留一点自主探索余地，让学生通过自己的努力寻找解决问题的答案，养成学生自主钻研、独立思考的学习精神的养成，提升学生的相应学习能力。
>
> 3. 教师要组织好学生的自主探索学习，引导学生独立寻找教师刻意留下的知识缺口，需要有一种掌握教学全局的意识和能力，做到临场机智地处理某些突发的教学情况。

26. 讲课时不要显得漫不经心

在课堂教学中，不仅学生要聚精会神，积极投入到学习之中，教师也要做到精神抖擞，密切关注学生的学习情况。教师在讲课时要用优雅的教态、教姿，以正面的、积极的个人形象，对学生产生有益的影响。但是，有的教师可能是受个人生活习惯的影响，在讲课时好像精气神不足，没有与学生进行良好的互动，让人觉得有点漫不经心。

教师在课堂上的漫不经心，可以表现为如下行为：眼睛看着教室的后墙，目光从学生的头顶上过去，不看学生；眼睛盯着窗外；埋头向下、或者总是看着课本上课，显得很害羞，缺乏自信；用背对着学生；一只手塞到口袋里，显得很不重视课堂；在同学面前斜靠到讲台上，显得很懒散；与学生谈话时一只腿不停地抖动，显得很不稳重；听学生回答问题时眼睛不看学生，显得很不关心等。[1]

教师在课堂教学中表现出漫不经心的行为，会带来什么样不良的影响呢？

首先，影响教师的形象。教师在学生面前表现出来的样子，是学生建构心目中教师形象的重要依据。教师在讲课过程中表现出漫不经心的行为，给学生的印象要么是不尊重学生、不关心学生，要么是缺乏自信，要

---

[1] 王跃. 高效课堂的101个细节 [M]. 广东：广东高等教育出版社，2009：163-164.

么是不重视教学，要么是显得懒散、不稳重，等等。这些印象是学生建构教师形象过程中的负面信息，教师在课堂中经常表现出漫不经心的样子，无疑会影响自己在学生心目中的良好形象。

其次，影响师生的关系。如前所述，教师在讲课过程表现出的漫不经心的样子，可能会向学生传递着令其感到不舒服的信息，教师在学生心中的形象大打折扣，由此会间接或直接地影响师生之间的感情和关系。比如说，有的教师在讲课时，讲着讲着就盯着天花板看，而从学生的角度来看教师，教师的样子是高傲地仰着头，翻着白眼自顾自地讲课。这样，学生会觉得教师不尊重、不关心他们，教师对自己比较冷漠，即使知道这是教师的习惯，学生还是会认为教师没有亲切感，这在无形中会疏远师生之间的关系。

最后，影响教学的质量。教师在讲课时，自己漫不经心的行为细节，会分散学生的注意力，会降低学生的学习欲望，最终则是影响课堂教学的质量。比如说，有的教师讲课时喜欢懒懒地斜靠到讲台上，表现出一副自由散漫、不守规矩的样子。教师这副漫不经心的样子，会在无形中影响学生。有的学生可能会关注教师外在的样子，多于教师讲课的内容；有的学生也学着教师的样子，听讲时也变得懒懒散散。无论是哪一种受教师影响的学生，其学习的注意力必然地分散了，其学习很容易不在状态，这样，他们学习的质量也就得不到保证了。

下面，我们将结合案例的阅读，再具体分析一种教师漫不经心的行为细节。

案例 26.1　兴致勃勃的学生与面无表情的老师[①]

"老师在课前的调查中了解到，你们班是个团结活泼、积极向上的集

---

① 陈红霞. 关注细节，凸显教师的"品德味"[J]. 小学教学研究，2008 (10).

体，在学校组织的各项比赛中取得了优异的成绩，让我们一起来回顾一下……"然后，老师打开多媒体资料，展示一次次比赛的活动情景、一张张获得的荣誉奖状。学生听得津津有味，看得兴致勃勃，执教的老师却站在讲台前，面无表情地盯着教室后面的某个角落……

案例26.1的那位教师，在表扬班级取得优异成绩的过程中，自己表现出来的是一副漫不经心的样子。细心的学生会注意到教师的这一行为细节，他们可能会在心里想：老师怎么一点也不激动，一点也不为我们高兴？老师是在真心地表扬我们吗？案例中，教师漫不经心的行为细节，可以从以下两方面作具体地分析。

第一，没有调整好情绪状态，与教学情景不适应。在课堂教学中，教师的情绪状态应该与教学情景合拍，该高兴的时候就要表现出高兴的样子，该悲伤的时候就要表现出悲伤的样子。案例中，教师在表扬班级中的所有学生。表扬班级在各项比赛中取得的优异成绩，是这一教学情景的主题。教师不仅口头表扬，而且借助多媒体资料进行资料回顾。这个时候，学生已经兴致勃勃，而教师却面无表情、漫不经心，明显没有与教学情景相适应、相合拍。

第二，盯着教室后面的角落，没有关注学生表现。在课堂教学中，教师的目光应该随时与学生交流，应该经常地关注学生的课堂表现。案例中的教师，在表扬学生的时候，却自顾自地盯着教室后面的某个角落，而不去关心学生在听讲过程中的即时表现。教师这种漫不经心的行为，会让有些学生感到很不自在，让他们不由自主地思考——教室后面的角落到底藏着什么东西。当这些学生的好奇心被调动起来后，还会不时地随着教师的目光，去看教室后面的角落。实际上，教室后面的角落里，可能什么特别的东西也没有。如此，这些学生在课堂上也难以做到专心听讲了。

点睛笔：

1. 教师在讲课时要用优雅的教态、教姿，以正面的、积极的个人形象，对学生产生有益的影响。

2. 教师在课堂教学中表现出漫不经心的行为，会影响教师的形象，影响师生的关系，影响教学的质量。

27. 走下讲台站在学生中间讲课

有人说，小小的三尺讲台是教师上课的舞台，是教师在课堂中需要牢牢坚守住的"阵地"。这一观点虽然未必准确，但可以从一个侧面说明讲台对于教师的重要性。在课堂教学中，有的教师好像比较依恋讲台，讲课时基本上只在讲台区域内活动；有的教师则时不时走下讲台，经常站在学生中间讲课。走下讲台站在学生中间讲课，有优有劣，是利大于弊，还是弊大于利？这恐怕要依情景而定，不能一概而论。从有利的方面来讲，教师走下讲台讲课的好处有以下几个方面。

首先，有利于拉近师生之间的距离。教师站在教室里相对独立的区域——讲台上讲课，可能会给部分学生高高在上的感觉，觉得老师离自己有一段空间和心理距离。教师走下讲台之后，在师生的空间距离上发生了变化。教师站在学生中间讲课，如果能做到更多地关注学生，并且注意到其他一些行为细节，那么，师生之间空间距离的缩短，就有利于师生心理距离的拉近。

其次，有利于了解学生学习的情况。教师站在讲台上，看上去能将目光洒向教室的每一个角落，但一般只能对坐在前排学生的学习情况，进行及时观察和捕捉，对于距离较远的学生，却很难细致地关注到。教师走下讲台，不时地在教室里走动，能够更多地接近不同的学生。教师与学生空间距离的靠近，对于了解学生的学习情况，应该是大有帮助的。

最后，有利于更好地维护课堂秩序。与教师距离的远近，是影响学生课堂学习纪律的重要因素。经验告诉我们，在教师眼皮底下的学生，一般不敢思想开小差、做小动作，也不大会影响他人学习；与教师距离较远的学生，上课思想开小差、做小动作等破坏课堂纪律的行为，要多于离教师近的学生。教师走下讲台，可以阶段性地缩短与教室中后排学生的距离，这对于维护课堂秩序有促进作用。

当然，我们也应该看到，教师走下讲台之后，与学生之间的距离太近，也会产生一定的负面作用。首先，近距离站在学生面前讲课，不卫生。每个人在讲话时都有大量的唾沫飞溅出来，特别是大声讲课的老师，讲了十几分钟甚至几十分钟之后，唾沫飞得更远。其次，近距离站在学生中间讲课，前面的学生受到了较大的影响。前面的学生看不到老师的表情，听课质量会受到一定的影响，而且，在老师背面的同学更容易开小差、做小动作。再次，近距离靠近学生讲课，有些学生可能会有压迫感。如果老师太靠近某些学生，他们会觉得很不自在，上课时会老想着旁边的老师，难以集中注意力。[1]

下面，我们结合一则案例的阅读，主要讨论一下教师走下讲台的好处，以及其中需要注意的行为细节。

案例 27.1　"巡查"中发现学生没听懂[2]

一次，张老师在班里"巡查"，在这个过程中，他发现一名女生总是用手捂着练习本。张老师问道，"你怎么不做呀？"她张张嘴，什么也没说。后来张老师明白了，原来她对于刚才所讲的内容还是不理解。于是，

---

[1] 王跃. 高效课堂的 101 个细节［M］. 广东：广东高等教育出版社，2009：183-184.

[2] 宋运来. 影响教师一生的 100 个好习惯［M］. 江苏：江苏人民出版社，2009：100.

张老师又单独地给她仔细讲了一遍，这时，她的脸上终于露出了笑容。如果张老师当时一直站在讲台上，他或许就永远不能发现像她这样的问题，而她也许就会把学习上的苦恼一直藏在心里，直至发展到对学习完全丧失了兴趣和信心。

案例27.1中，教师在走下讲台之后，发现了一个学习上有困难的学生，了解到她没有理解刚才所讲的内容之后，教师进行了有针对性的辅导，帮助学生及时地解决了学习上的困难。在其中，教师的行为细节可以从以下几方面来分析。

第一，在"巡查"中仔细观察学生。教师走下讲台的目的，并不是简单地扩展自己的活动范围，可以在教室的不同地方走一走，看一看，而是为了更好地观察学生，更好地为教学服务。案例中，教师的"巡查"，并不是自顾自地走来走去，而是把观察学生作为重要的任务。在走下讲台"巡查"的过程中，教师敏锐地发现"一名女生总是用手捂着练习本"。

第二，询问学生为什么不做练习。案例中，教师对于"一名女生总是用手捂着练习本"这一现象，采取了积极介入的处理方法。教师主动询问学生"你怎么不做呀"，而当学生做出难以开口的反应时，教师就想办法继续了解情况，直到搞明白学生原来是没有理解刚才的讲课内容。而假如教师对这一现象熟视无睹的话，那么教师也就不会主动询问学生和帮助学生，教师发现学生反常表现这一行为细节，也就失去了更多的意义。

第三，单独给学生讲解学习内容。案例中，对于学生学习遇到的困难，没有袖手旁观，而是单独为学生重新讲解一遍知识点。当教师仔细为学生讲了一遍之后，学生终于搞明白了，并且露出了笑容。在这个过程中，学生真正掌握了知识，也加强了学习的信心和兴趣。学生在知识和信心上的收获，也是教师走下讲台这一行为的收获。

点睛笔：

1. 教师走下讲台讲课，有利于拉近师生之间的距离，了解学生学习的情况，更好地维护课堂秩序。

2. 教师走下讲台之后，与学生之间的距离太近，也会产生一定的负面作用。

28. 弄巧成拙的多媒体辅助教学

在信息化时代,多媒体越来越多地走进了课堂教学,成为众多教师开展教学不可或缺的辅助手段。多媒体教学手段的应用,使课堂教学的知识传授更加直观,更加能够吸引学生的注意力,激发学生学习的兴趣。但是,教学手段毕竟要为教学目标服务,即便是能够给学生以视听觉震撼的多媒体,也一样要遵循这一教学的基本原则。多媒体教学手段一旦使用不当,也会给课堂教学带来负面的影响。

(1) 让学生无所适从的多媒体

在课堂教学中,多媒体课件的使用,要把握好时机。教师在播放多媒体课件时,要发出恰当的指令,对学生的学习行为做出合拍的指导。假如教师在播放多媒体课件时,不仅要求学生看课件,而且还要求学生看书、做练习或相互讨论,那么学生必然会在观看眼花缭乱的多媒体课件过程中,产生一种无所适从的感觉。

案例 28.1　不知所措的学生[1]

一位教师在执教《荷叶圆圆》时,为了激发学生学习的兴趣,做了一个画面艳丽、配乐朗读、课文文字闪现三者结合的课件。一开课,教师让学生打开书本,同时放了这个课件,要求学生边听边欣赏。同学们的眼睛

---

[1] 周金梅. 减负,先从课堂细节开始 [J]. 中国教育报,2009-9-29.

不知该看哪儿，只得一会儿看看书，一会儿又看看多媒体，既不敢大胆地看书，又不敢大胆地看多媒体，在书本、多媒体之间忙个不停。

案例28.1中，教师在播放多媒体课件时，还要求学生打开书本，边听课件中的声音边欣赏课文。应该说，教师制作多媒体课件是下了工夫的，目的也是为了激发学生学习的兴趣。但是，给学生播放一个画面艳丽、配乐朗读、课文文字闪现三者结合的课件，却要求学生一边看课本一边听声音。教师这样做，不用说多媒体课件对学生视觉可能产生冲击的功能难以发挥，更严重的问题是，学生根本搞不清楚到底该怎么做才好——如何做到在看书的同时，又能看多媒体。课堂教学中，不当使用多媒体课件的结果是，学生不知道眼睛该看哪儿，只好"在书本、多媒体之间忙个不停"。

案例中，教师使用多媒体教学时，其行为细节的失误之处在于：把兼具视听效果的多媒体，当作录音磁带那种单一的听觉媒体来使用，要求学生既看课文又听朗读。教师为什么会出现这样的失误呢？

其一，对多媒体教学的功能认识不足。多媒体教学以其强大的视听功能，尤其是在视觉方面，对课堂教学中的教学演示、教学辅助手段的改革，产生了巨大的推动作用。多媒体的精华应该大半在视觉部分。案例中的教师在使用多媒体课件辅助教学时，舍长取短，不恰当地使用了多媒体。

其二，高估了学生的学习能力。我们知道，一心不能二用，在同一时间我们只能专注于某一事物。对于未成年的学生来说，更是如此，他们更难同时兼顾文本和多媒体，其学习的结果可想而知。教师对于学生学习能力的估计不足，直接导致了对学生提出错误的学习要求。

（2）与文本知识相悖的多媒体

多媒体作为一种辅助教学手段，是为教学目标的达成、教学内容的讲解服务的。多媒体课件呈现的内容，应该与课本中的教学内容相一致的。

教师假如只追求多媒体教学的华丽，不顾多媒体课件的具体内容，那么很有可能出现多媒体课件展示的信息，与课文中的文本知识相悖。这样的多媒体辅助教学，很难说是成功的。

案例 28.2　两种版本的《七步诗》[①]

一位教师执教《七步诗》这一课，她把《三国演义》中的视频片段做成课件，尤其精妙的是，她把曹丕命令曹植以"兄弟"为题七步成诗，并派大将手持宝剑给予监督的杀机四伏的情节作为阅读的背景播放出来，而把曹植吟诵七步诗的情节放在学生阅读课文后才播放。这样，在一段连贯的视频材料中间安排了一个停顿，巧妙地利用了学生的阅读期待，充分调动起学生自主阅读的积极性。起初，听课教师对这个环节大加称赞，但是后来经过认真分析，他们又注意到这样的情况：电视剧中的"七步诗"只有四句，而课文却是六句，教师在教学中没有留意，也没有进行处理。

案例 28.2 中，教师对于课件使用的时机，把握得非常到位。教师在执教《七步诗》时，把电视剧《三国演义》的相关视频做成课件，用以烘托情境，调控学生的情绪和课堂气氛。粗略地看起来，教师娴熟地运用多媒体课件，成功地辅助了课堂教学。然而，教师却忽略了一个细节：多媒体课件中的"七步诗"，与课文中的并不完全一样。前者只有四句，而后者却是六句。[②] 而且，最为紧要的是，教师在教学中没有解释为什么两者会不一样。

这样，多媒体辅助教学的运用不当，会给学生造成认知上的混乱，他们可能搞不清楚"七步诗"到底应该是四句还是六句？学生可能还会想：

---

① 张东兴. 课例研究有效实施"五要"[J]. 基础教育课程，2008（10）.
② 《七步诗》在传诵过程中衍生出两个版本，四句的版本为：煮豆燃豆萁，豆在釜中泣。本是同根生，相煎何太急？六句的版本为：煮豆持作羹，漉豉以为汁。萁在釜下燃，豆在釜中泣。本自同根生，相煎何太急？

为什么课本上的"七步诗"和电视上的不一样？哪一个对，哪一个错？其实，这两者没有"对"和"错"之分，是文学作品在传诵过程中衍生出的不同版本而已，教师应该在使用课件的过程中，把这种文化现象简单地介绍给学生。[1]假如教师注意了这一细节，那么多媒体课件与课文内容存在的些许差异，不但不会对学生的认知产生消极的影响，而且还能让学生了解文学作品存在不同版本的文化现象。

（3）对教学画蛇添足的多媒体

多媒体课件毕竟只是一种教学辅助手段。教师不能为了"作秀"，为了增添课堂中的信息化手段，就不管多媒体课件的使用合适与否，在课堂中强行嫁接多媒体课件演示的环节。在有的课堂教学中，我们会发现，某些多媒体课件的使用纯属画蛇添足，多此一举。

案例 28.3 不恰当的动画演示[2]

"平行与相交"一课，教材呈现操场跑道、单杠、足球球门等生活照片，引出相关的数学知识。一位教师在教学时，又前置了一个动画情景：两只兔子在雪地上留下的两串脚印相交，另外两只兔子留下的两串脚印不相交，提示"相交"与"不相交"的名称，然后以此判断教材照片中反映的生活现象。

案例 28.3 中，教师错误地认为，每节课都要通过创设情景来导入教学。教师因过分追求符合新课程理念的教学"完美"，而导致"不当"的行为细节。其一，教材中的照片反映的就是一种生活情景、现实情景，案例中所创设的虚拟情景就显得多此一举，何况童话情景对四年级学生来说，似乎有点"小儿科"了；其二，上述动画情景中把兔子留下的脚印这

---

[1] 张东兴. 课例研究有效实施"五要"[J]. 基础教育课程，2008（10）.
[2] 严育洪. 这样教书不累人[M]. 北京：教育科学出版社，2009：74.

些不连续的点视为直线，从数学角度看并不严密。[①] 以上案例中，由于教师不恰当地使用了多媒体手段，不仅没有起到应有的效果，反而浪费了课堂教学的宝贵时间。

案例 28.4　夹竹桃与《风速歌》[②]

师：夹竹桃一年三季迎着哪些风？

课件出示"夏日狂风图"及《风速歌》："零级风，烟直上；一级风，烟稍偏；二级风，树叶响……十二级，更少有，风怒吼，浪滔天。"

师：这是一张拍于台风中的照片。看图上的场景，再对照《风速歌》，能猜一猜当时的风有多少级吗？

生：七级。

生：八级。

生：九级。

师：普通的台风在十二级以上，超强台风更能达到十六级。……

案例 28.4 中，教师使用多媒体课件出示"夏日狂风图"及《风速歌》，希望学生感受到：夏天的狂风并不能让夹竹桃屈服，以此衬托夹竹桃的"韧性"。应该说，教师在教学中使用多媒体课件的初衷是好的，不过，出示《风速歌》，以及让学生猜一猜照片中的风有几级，却与课堂教学的目标、内容并没有多少关系。我们知道，在课堂教学中以多媒体形式，适当展示与教学内容相关的资料，能够拓展学生的知识面，帮助学生更好地理解文本内容。但是，这些多媒体演示的资料，必须要与文本内容紧密相关，要能够真正拓展课文内容，服务于课堂教学的目标。

[①] 严育洪. 这样教书不累人 [M]. 北京：教育科学出版社，2009：74.
[②] 江和平. 有多少教学细节可以重来 [J]. 中国教育报，2008-7-4.

点睛笔：

1. 教学手段要为教学目标服务，即便是能够给学生以视听觉震撼的多媒体，也一样要遵循这一教学中的基本原则。

2. 在课堂教学中，多媒体课件的使用，要把握好时机。教师在播放多媒体课件时，要发出恰当的指令，对学生的学习行为做出合拍的指导。

3. 教师应该适当地使用多媒体，并保证多媒体课件呈现的内容与课本中的教学内容相一致。

三、教师管理行为细节

在学校教育世界里,教师经常承担着管理者的角色。在课堂教学中,要进行课堂管理或教学管理;在课余与学生的互动中,要进行学生管理。教师在管理课堂、管理学生的过程中,也要注意自己的行为细节,努力从细节之处做好管理工作。老师与学生打交道比较多,尤其要注意自己的管理行为细节。

29. 课前为学生唱上一曲

一般来说,上课铃声是宣告课堂教学正式开始的标志。但在某种意义上,教师踏入教室的那一刻,也可以作为课堂教学的开始。教师不管是准时进入教室,也不管是晚点进入教室,还是提前进入教室,把教师进入教室作为课堂教学的开始都是说得通的。

第一种情况,教师踏着上课铃,准时进入教室,意味着课堂教学的开始,这种情况自然不必多说,大家都比较容易理解。

第二种情况,上课铃响的那一刻,由于教师没有进入教室,此时教学中缺少了重要的一方——教师,因而,尽管上课铃已经响了,但在严格意义上,课堂教学还没有正式开始。

第三种情况,虽然上课铃还没有打,但由于教师在场,师生的互动已经开始了。虽说师生之间的互动,未必都是教学互动,未必都与接下来的教学活动直接相关,但不能否认的是,上课铃响之前的师生互动,是一种非正式的教学活动,基本上是为接下去的教学活动作铺垫或营造氛围,这可以理解为是课堂教学的前奏。

在本书讨论的第一个教师行为细节"课前三分钟的教育活动"中,我们已经提出,教师提前几分钟进入教室是值得倡导的教师行为,并且也讨论了教师在课前三分钟可以开展的一些小活动。在这一部分,我们从课堂管理的角度看一看,假如教师在课前发现学生精神状态不佳,可能会影响接下来的课堂教学,那么,在这种情况下,教师可以做些什么呢?

案例29.1　课前为学生唱上一曲[①]

　　课前,一位高中语文老师看到自己的学生神态有些倦意,于是即兴为学生唱了一首激情的流行歌曲。唱着唱着,许多学生情不自禁地加入进来,最终在群情激奋中上课铃声响起,接下来的课堂气氛一改原先的沉闷,一起保持着活跃的教学态势。第二天,语文课前,学生纷纷要求老师再来一首。于是,以后的每一节语文课前5分钟都成了师生唱同一首歌的时间。学生在盼望着听歌和唱歌的同时,也盼望着语文课的到来,语文老师成了最受学生欢迎的老师,语文课成了最受学生欢迎的学科。

　　案例29.1中,语文老师提前进入教室,发现学生的神态有些倦意。然后,利用课前几分钟时间,为学生即兴唱了一首激情的流行歌曲。教师的歌唱带动了学生,激活了课堂气氛。教师在课前通过唱歌,调整学生精神状态这一行为细节,其具体的过程可从以下几个环节进行详细的分析。

　　第一,观察到学生的神态有些倦意。我们都知道,学生上课前的精神状态,对于他们在课堂中的行为表现和学习成效,有着非常重要的影响。教师在正式上课之前,应该细心地观察学生的学习状态,以采取相对应的课堂管理行为,提供事实的依据。不过,有的教师在上课之前,对观察学生似乎提不起多少兴趣。他们可能只顾埋头整理自己的教案和教学材料,或是对学生的精神状态视而不见。案例中的教师,不但提前进入了教室,而且还仔细地观察了学生。通过观察,教师发现学生的神态有些倦意,根据这一现象,教师就可以判断出学生不在学习状态。教师细节的观察和准确的判断,是进行正确课堂管理决策的前提。

　　第二,即兴为学生唱一首激情歌曲。学生的学习状态不佳,有的教师

[①]　严育洪. 这样教书不累人 [M]. 北京:教育科学出版社,2009:122.

并不怎么在意，有的教师虽然内心有点着急，但却没有特意去调整学生状态。在这些教师看来：学生的精神状态不好，看上去比较疲惫，教师要不要管、怎么管，并没有硬性要求。教师只要把课上好，把课上完，学生只要在听课过程中，不捣乱，那么教师的教学任务也就完成了，至少能够对付过去了。案例中的教师，不但把学生的学习状态当作一回事，而且用心地想到了一个调整学生状态的好方法，即通过自己唱激情的流行歌曲，来影响学生的情绪，调整学生的状态。教师的这一做法让学生情不自禁地加入到歌唱的行列，确保了课堂教学的活跃气氛。

第三，把课前5分钟作为唱歌时间。案例中，教师课前为学生唱歌，受到了学生的欢迎，以至于第二天语文课前，学生还要求老师再来一曲。第二天语文课学生的精神状态如何，案例中并没有特别地加以说明，但我们可以想象一下，应该不会比第一天时学生的精神状态来得糟糕，这样教师似乎没有必要非得再唱一首歌，来博得学生的欢心。对于学生的纷纷请求，语文教师显然是答应了学生，并且把课前5分钟师生唱同一首歌，作为管理制度固定了下来。教师这样的行为细节，深得管理学和领导学之精要，即在洞悉学生需要的基础上，引导学生的行为朝着课堂管理的目标和组织目标迈进。案例中描述的信息也印证了这一点："学生在盼望着听歌和唱歌的同时，也盼望着语文课的到来，语文老师成了最受学生欢迎的老师，语文课成了最受学生欢迎的学科。"

> **点睛笔：**
>
> 1. 教师在正式上课之前，应该细心地观察学生的学习状态，以采取相对应的课堂管理行为，提供事实的依据。
>
> 2. 教师要做到在洞悉学生需要的基础上，引导学生的行为朝着课堂管理的目标和组织目标迈进。

30. 今天老师做一次值日

在学校生活中，打扫教室卫生、擦黑板，一般是值日学生负责的工作。作为教师，则有督促学生做好教室卫生的义务，这应该也算是教师进行学生管理的内容。按照规定，值日生在课间要擦好黑板，确保下一节课上课前，任课老师能看到干净的黑板。但事有例外，有的教师可能会遇到这么一种情况：马上要上课了，黑板上却依然保留着上一节课的板书。对于这种情况，有的教师会询问谁是值日生，并在值日生或其他学生擦好黑板之后，再开始上课；有的教师在要求学生擦黑板无果之后，只好开始上课，并在黑板上见缝插针地进行板书；有的教师则不动声色，选择自己擦黑板，在这个过程中趁机教育学生，然后再开始上课……

遇到上课时学生没擦黑板的情况，虽说谈不上是多么棘手的"难题"，但着实会令教师感到一些意外和不愉快。在这种情况下，教师应该如何进行学生管理？比较上面列举的三种做法，或许第三种做法是值得推荐的。问题是，教师如何注意自己的行为细节，做到既轻描淡写地擦好黑板，又对学生的"违规"行为进行管理和教育？下面，我们将结合相关案例的阅读，来具体讨论一下教师在处理类似情况时，需要注意的行为细节。

案例 30.1　老师主动擦黑板[1]

---

[1] 程核红. 关乎细节 运用策略——"课堂管理"细节优化的策略研究［J］. 中小学教师培训，2010（2）.

一次，走进一个班级听课，见上节课老师的板书还赫然写在上面，此时老师也已发现此情况，只见上课老师看看黑板，又看看大家，拿起黑板擦，把黑板擦干净了。擦完之后，他对学生说："今天老师做一次值日，下次可都要你们做了。"这时教室里鸦雀无声，我注意到好些学生都有些不好意思了。据了解，以后这样的情况再也没发生。

案例30.1中，教师选择了自己擦黑板，擦完后还说了句让学生觉得不好意思的话，之后，类似的情况再也没发生。在这个过程中，教师管理学生和管理课堂的行为，有哪些细节值得我们细细体会呢？

第一，在擦黑板之前看看黑板，又看看学生。黑板上未及时擦去的板书，很容易让走进教室的教师察觉到。案例中的教师发现这一情况后，并没有发怒，也没有"挖出"值日生对其提出补擦黑板的要求，教师的第一反应是，默默地看看黑板，又默默地看看学生。教师的沉默并非无所作为，而是以无声的语言，向学生传递着某些信息。在默默的注视之中，教师已经告诉学生：虽然我不赞成学生不擦黑板的行为，但是我不想浪费时间追究此事……

第二，擦好黑板之后，对学生行为提出要求。如果教师擦好本该由学生擦的黑板，对值日生不擦黑板之事不发一言，接着就开始上课，那么，教师的管理行为似乎缺少点什么，至少少了一点对学生的提醒。案例中，教师在擦好黑板之后，对学生说了句，"今天老师做一次值日，下次可都要你们做了"。教师的这句话，虽然简短，也没有带着多少火气，却包含了很多的信息：值日生没有擦黑板，肯定有一定的缘故，甚至可能有什么特殊的困难，我对此表示理解，但是不管怎么说，不擦黑板是不对的；为了不影响接下去的课堂教学，这次我可以原谅这种行为；这一次擦黑板我就代劳了，但是我希望下一次不再发生相似的事情。教师言语中包含的这些信息，可以让学生好好地感悟一番。

第三，保持克制和冷静，以行动来影响学生。分析案例中教师的管理行为细节，我们发现教师在管理学生的过程中，一直保持着冷静和克制。前面已经提到过，不管哪个教师，遇到黑板没擦的情况，心里都不会感到愉快的。遇到这种情况，有的教师会语气不善，有的教师则会愤怒发火。诚然，教师在这个过程中，表现出发怒的状态，学生应该也能够"理解"，但内心难免会有一点反感，毕竟这只是个别学生的错误，毕竟教师的发怒会影响到接下来的教学活动。而案例中的教师，则保持了相当的克制和冷静。正是教师的克制和冷静，帮助其迅速找到了正确的管理方法，确保了自己的管理行为做到位。教师表现出的克制和冷静，还能有力地向学生传递着一种教育力量，这种力量让有些学生觉得"有些不好意思"，相信这些学生之中，包括了那位本该负责擦黑板的值日生。

点睛笔：

1. 作为教师，有义务督促学生打扫好教室卫生，这是教师进行学生管理的内容。

2. 教师在进行学生管理时应保持克制和冷静。

31. 转过身吹讲桌上的灰

在教学生涯中，教师可能会遇到讲桌不干净的情况。譬如说，教师在进入教室后，刚刚准备上课，就发现自己面前的讲桌上，有着许多不该存在的灰尘。面对这种情况，有的教师可能"拍案而起"，以此为契机批评学生，并要求学生把讲台打扫干净；有的教师不动声色，视若不见，该上课还是继续上课；有的教师则自己简单打扫一下，然后对学生提醒下次不要出现这种情况之类的希望。

说起来，教师遇到的这种情况，还真是一件微不足道的小事。但对如此小事的处理，却考验着教师的课堂管理、学生管理的技能。对此小事的管理，教师可以应用的管理策略应该不限于一种。在这里，介绍一种教师的应对技巧。假如教师一时没找到湿抹布的话，教师可以走下讲台，转过身，背对学生，小心地吹掉灰尘。教师表现出如此的管理行为，有什么具体的作用呢？

首先，减少灰尘对学生的影响。尘土扑面而来，对谁来讲，都不是一件令人愉悦的事情。教师站在讲台上直接吹灰尘，自己倒是方便了，但是，吹出去的灰尘，必定会飘向学生。教室里是人多空间小，飘出来的灰尘肯定会影响到教室前排的学生——分散他们的注意力，影响他们的心情。饱受灰尘蹂躏之苦的学生，未必敢当面质疑教师的做法，内心却暗暗埋下了对教师的不满之情。假如教师把灰尘往黑板方向吹，那么最多自己

"吃点亏"，对学生的影响则微乎其微了。

其次，对学生行为起示范作用。教师是学生的"标尺"和榜样，教师的言行能对学生产生示范性的影响。教师走下讲台，转过身，背对着学生吹灰尘，不仅告诉了学生吹讲桌上灰尘的方法，而且让学生体会到要宽容他人、关心他人。教师没有多说什么，却以自己的行为告诉学生应该怎么做。这样，教师以自己的实际行动，对学生的行为起到了很好的示范作用。当学生今后遇到类似情况之时，就能够应对自如了。

最后，能够让自己有个好心情。在讲桌满是灰尘的情况下上课，即使有的教师不是很介意，但肯定不会认为这是一件愉快的事情。把讲桌的灰尘扫除掉，还一个相对干净的讲桌，只是举手之劳，却能给教师带来好的心情。关键是，教师走下讲台、转过身来吹灰尘的举动，不但清掉了课桌上的灰尘，也不影响学生，而且还能起到良好的示范和教育作用。做了如此一举多得的"好事"，教师的心情又怎么能不好呢？

案例 31.1　吹掉讲桌上的灰尘[①]

上课铃响了，一位年轻的女教师走进教室。教室里刚擦过黑板，粉尘飞扬，讲桌上落了一层粉笔灰。老师看了一下，走下讲台，转过身，对着黑板的方向吹掉灰尘，然后走上讲台，开始上课……

案例31.1中的教师进入教室时，看到了黑板前粉尘飞扬和讲桌上的一层粉笔灰。她看似平常的课堂管理方式，其中有些行为细节却令人感到意义非凡。

第一，细心观察，默默无言。案例中的教师走进教室时，不难看到讲台前粉尘飞扬，不难发现讲桌上的那一层粉笔灰，不难判断出学生刚刚擦过黑板的痕迹。教师也很容易推断出学生没有做到多提前一些时间擦黑

[①] 谢五一. 浅谈初中思想品德课堂教学中细节的有效利用［J］. 教育教学论坛，2011（12）.

板，擦好黑板后也没有做好"扫尾"工作。对于这一现象，教师仅仅是看一看，没有询问原因，也没有批评学生，更没有显示出不满。教师的沉默，在此时也是一种教育力量，它给值日生以发现自己的问题的时间。

第二，走下讲台，转身吹灰。对讲桌上的粉尘，教师并没有与学生纠缠，而是选择了自己来打扫。可能是一时没有发现抹布，教师选择用吹气的方式来清理粉尘。教师清理粉尘的行为，显得非常细心，她先是走下讲台，接着转过身，然后才对着黑板的方向吹灰尘。教师的"一下""一转"，反映出她做到了以学生为本，以学生的切身感受和身体健康作为思考问题和做事的出发点。

第三，走上讲台，开始上课。用吹气的方式除掉灰尘，乃一时权宜之计，并不是课堂教学的目标和内容。案例中的教师在简单打理好讲桌之后，就直接走上讲台，开始上课。按理说，教师在正式上课之前，对于课桌上的"灰尘事件"，发表几句看法，提几点要求，也不是不可以的。然而，教师可能觉得自己的行为足以说明一切，足以教育马虎的值日生。自己动手打扫讲桌，已经浪费了一点时间，还是马上开始上课，不要浪费宝贵的课堂教学时间。

实际上，案例31.1描述的是一位优秀教师，借班上示范课的一个细节。通过教师行为细节传递的信息，他们会认为这位老师仁爱、宽容，值得爱戴、尊敬、信任、学习。他们积极的心态会保持整堂课。学生的陌生感消除了，心灵的大门打开了，学习兴趣提起来了，这样就会主动参与到老师组织的教学中去。[①]

[①] 谢五一. 浅谈初中思想品德课堂教学中细节的有效利用[J]. 教育教学论坛，2011（12）.

点睛笔：

1. 教师是学生的榜样，教师的言行能对学生起到示范作用。

2. 教师把灰尘往黑板方向吹，最多自己"吃点亏"，对学生的影响却是微乎其微了。

3. 教师走下讲台，转过身，背对着学生吹灰尘，不仅告诉了学生吹讲桌上灰尘的方法，而且让学生体会到要宽容他人、关心他人。

32. 老师还不如一只苍蝇

课堂教学中，一些意外发生的情况，可能会吸引学生的注意力，打断正常的课堂教学节奏，使课堂教学陷入一种教师不愿看到的停顿或混乱状态。课堂教学中的突发事件，一般是教师不愿意遇到的，但又是教师不得不处理的事件。对于课堂突发事件，尤其是影响到学生学习的突发事件，教师不能置之不理，也不能对学生的分神横加指责，教师需要做的是，以相对有艺术的、有智慧的方式来应对。为什么这么说呢？教师这么做又有什么好处呢？

首先，可以重新集中学生的注意力，使课堂教学继续开展下去。课堂教学中，突发事件的发生，是大家意料不到的。学生受突发事件干扰，学习不能集中精神，也不能完全责怪学生不遵守课堂纪律，毕竟人都有好奇心，作为未成年的学生，自我控制的能力还较弱。这个时候，教师以恰当的方式处理突发事件，就能将它对课堂教学的影响降低，就能把学生的注意力重新拉到教学活动之中。这样，突发事件对课堂教学的影响就成为了过去式，接下来的课堂还是可以非常精彩。

其次，有可能"变废为宝"，把突发事件开发成课堂教学资源。课堂教学中的突发事件，可能与课堂教学的目标、内容完全无关，也可能与课堂教学的目标、内容有一定的联系。对于无关的突发事件，教师只要控制其破坏作用，将学生的注意力转移到教学活动中就可以了；对于有可能服务于课堂教学的突发事件，教师则可以设法将其当作隐性的教学资源，并通过智慧的加工，转变成课堂教学的内容。这样，就有可能将突发事件"变废为宝"。

最后，可以增长教师的才干，不断地提升教师的专业发展水平。课堂突发事件，是在教师意料之外发生的。教师要在很短的时间内，又好又快地处理好，挽回突发事件对课堂秩序造成的不良影响。处理课堂突发事件，极大地考验着教师的智慧，要求教师在积累丰富专业知识与经验的基础上，机智地解决突发事件造成的问题，创造性地将突发事件转变为课堂教学资源。可以说，处理课堂突发事件不仅考验教师的反应能力，也检验着教师的知识积累和业务能力。反过来说，教师要不断提高业务水平，才能更好地处理课堂突发事件；教师一旦处理好课堂突发事件，不但可以增长自己的才干和业务能力，也能有益地促进自己专业的发展。

案例 32.1　窗户上那只捣乱的苍蝇[①]

一天下午，一位优秀教师正在上地理课，讲到兴致勃勃之时，突然发现很多学生都朝教室的窗户上看，原来是一只苍蝇在那儿嗡嗡作响，分散了学生的注意力。这时，她不动声色地走下讲台，停止讲课，然后摸摸自己的头发，扯扯自己的衣角，学生被老师的反常行为所吸引，都盯着她看，她不急不躁地说："老师已经教了你们两年了，原来还没有一只苍蝇漂亮，还没有一只苍蝇能吸引大家，我感到很伤心！"教师说得学生都不好意思了，全部集中注意力开始听讲，再没有一个人朝窗户上看一眼。

下一节是语文课，上课不到十分钟就见五六个学生被教师从教室里赶出来，原来还是那只苍蝇惹的祸。语文老师提醒学生注意听讲，又敲桌子又点名，仍然没有效果，反而引起哄笑，无奈只得将几位"重犯""请"

---

① 武伟. 引发中小学师生冲突的原因及对策[J]. 淮北职业技术学院学报，2006（6）.

出教室。从这个案例中我们可以得到一个启示：教学手段的灵活性与教学效率、教学效果成正比。

案例32.1中，有两个结果截然不同的故事，但相同的是，两者都描述教师处理窗子上的苍蝇干扰课堂教学的情况。我们重点来分析教师处理得当的那个故事。在这个教师处理突发事件的故事中，我们需要注意的教师行为细节有以下方面。

第一，用反常的行为吸引学生注意力。当教师发现窗户上的苍蝇分散了学生的注意力时，教师并没有对学生的违纪进行教育批评。教师只是"不动声色地走下讲台，停止讲课，然后摸摸自己的头发，扯扯自己的衣角"。教师以其反常的行为，成功地把学生的注意力从苍蝇那边吸引过来，为其下一步应对举措的实施开了一个好头。教师展现出的一连串无声的肢体语言，除了暂时吸引学生注意力之外，也有可能在这一短暂的时间内，快速地酝酿接下来要讲的话，为接下来的应对赢得一定的缓冲时间。

第二，用不急不躁的语气跟学生说话。教师的说话语气，会影响学生的情绪。聪明的教师，会自如地调控自己的说话语气，把学生的情绪调控到适应教育教学的状态。案例中，教师以反常的行为，成功吸引学生注意力之后，就用不急不躁的语气跟学生说话。教师的不急不躁，反映出她处理问题时的冷静状态，反映出教师知道如何与学生打好交道，也反映出她对突发事件的处理已经胸有成竹。

第三，用幽默的话语来引申苍蝇事件。教师对于苍蝇事件的评论，可谓是别具风采。教师并没有批评学生因为苍蝇而没有认真听课，而是幽默地将自己与苍蝇作了比较。教师对学生说："老师已经教了你们两年了，原来还没有一只苍蝇漂亮，还没有一只苍蝇能吸引大家，我感到很伤心！"教师没有直接批评学生，但幽默的话语，让学生自己认识到了错误，并且重新集中精神听课，这样就收到简单的批评难以企及的教育效果。

在分析应对苍蝇突发事件成功的做法之后，我们再来简单看一看案例中不成功的做法。面对类似的苍蝇突发事件，语文老师除了提醒学生注意听讲，而且又敲桌子又点名，但还是没有收到理想的效果，反而引起学生们的哄笑，无奈只得采取下策——将几位"重犯""请"出教室。如果说教师提醒学生注意听讲，还算是常规的课堂管理方法，但教师"又敲桌子又点名"的行为细节，多少反映出教师有点"行为失控"了，至少是有点不太冷静了。教师的情绪剧烈波动，有的时候确实能够暂时吓唬住学生，有的时候却未必能够奏效。案例中语文教师的"努力"，换来的是学生们的哄笑。最后，虽然通过将几位"重犯""请"出教室的方法，勉强稳定了课堂秩序，但我们不得不说，语文教师应对突发事件的方式，离成功还是有一点距离的。

点睛笔：

1. 对于课堂突发事件，尤其是影响到学生学习的突发事件，教师以有艺术的、有智慧的方式来应对。

2. 学生受突发事件干扰，学习不能集中精神，教师不能完全责怪、指责学生。

3. 教师要分清情况灵活地处理各类的课堂突发事件。

4. 教师要不断提高业务水平，才能更好地处理课堂突发事件。

33. 你们先别忙着夸我妙

课堂教学中的突发事件，除了由课堂之外的人、物引起外，还有可能是由学生引起的。对于学生在课堂中发出的不和谐声音、做出的破坏课堂纪律的举动，教师不一定非得要较真，不见得把学生批评得哑口无言，就显得教师有本事，就表示教师能够管好课堂。教师需要做的是，用自己的智慧转移学生的注意力，把突发事件对课堂造成的破坏作用，降低到最低的程度，甚至把突发事件当作课堂教学资源加以开发利用，使之成为对课堂教学有益的成分。

下面，我们将结合案例的阅读，看一看在应对由学生造成的课堂突发事件时，教师需要注意的管理行为细节。

案例 33.1　学生脱口而出的猫叫声[①]

踏着上课铃声，新老师笑容满面地走进教室。

新老师用亲切的目光望着同学们，开始作自我介绍："同学们，我姓缪……"说罢，转过身子，板书"缪"字。就在这个时候，教室里不知从哪个座位上发出了一声猫叫，显然是某个同学听到老师说"缪"，就联想到猫叫，于是一声"喵"就脱口而出，且模仿得惟妙惟肖。

这一声猫叫，可把其他同学逗笑了，于是教室里一下子乱哄哄的。

---

① 唐劲松. 教育机智漫谈 [M]. 广东：海天出版社，2002：184-185.

这时，新老师写罢转过身来，同学们立即止住笑，预感一场"狂风暴雨"即将来临。不料，新老师并没有翻脸，他微笑着说："同学们，你们先别忙着夸我'妙'。从今天起，我们一起来学习，到时候再请你们给我作评价，到底妙不妙？"

同学们听了缪老师这番精彩的话，都情不自禁地鼓起掌来。

在案例33.1中，缪老师在介绍自己的姓后，一个学生从老师的姓"缪"联想到猫叫，并发出一声"喵"。这一声猫叫引发了其他同学的笑声，并扰乱了正常的课堂秩序。难得的是，对于学生的恶作剧，缪老师并没有大发雷霆，而是冷静地意识到学生的无心之语，可以作为课堂教学资源来加以利用，于是，他把"喵"巧妙地转移到"妙"。教师如此的课堂管理行为，具体能够发挥什么样的作用呢？

首先，以转移话题的方式，转移了学生的注意力。案例中，姓缪的教师自我介绍时，刚刚说到自己姓缪，教室里突然传来一声"喵"，原来是某个学生突然发出的声音。在这个时候，教师以退为进，用自己幽默的话语，把遭遇的尴尬转化为轻松的自我调侃。教师这样做，不但转移了学生的注意力，起到了维持课堂秩序的目的，还拉近了师生之间的距离，把"坏事"变成了"好事"。

其次，以自己的宽宏大量，感化冒犯自己的学生。案例中，那位突然发出猫叫声的学生，其实已经冒犯了教师。为什么这么说呢？学生将缪老师的姓，联想到猫叫声，而且不由自主地发出声音，等于告诉老师，自己将其与猫联系到一起。不管是出于什么原因，学生这么做了，就是对教师的不尊重。而且，当其他同学认真听讲的时候，这位学生的猫叫声，"把其他同学逗笑了，于是教室里一下子乱哄哄的"。所以，从其造成的后果来看，已经破坏了课堂纪律，影响了课堂教学的秩序。

对于这位学生的冒犯，教师并没有停下课堂教学进程，特意把其揪出来进行教育批评。因为教师知道：这位学生的作为应该是无意的，是不带有恶意的，学生在发出"喵"的声音后，也意识到自己犯了错误，进行了自我责备。在这个时候，其实并不需要多少的批评，而且批评也会对课堂教学产生新的破坏作用，影响其他学生的课堂学习。因此，案例中的教师宽容了学生的行为，根本就不提其破坏课堂教学这回事。教师的不计较、不批评、不较真，貌似什么都没有做，但实际上，更加能够教育学生、感化学生。

最后，以自己的个性魅力，赢得所有学生的敬佩。案例中，课堂中的突发事件对教师的课堂管理能力，可谓是提出了不小的挑战。教师在写板书"缪"的时候，先是有一个学生突然发出猫叫声，随后又是其他学生的笑声，教室里也出现乱哄哄的状态。当教师写罢转过身来的时候，学生们以为接下去教师会大发雷霆。令学生感到意外的是，教师不但没有发怒，反而让学生领略了自己的个性魅力。教师以其机智和幽默，借助于精彩的话语，让学生情不自禁地鼓掌。在这掌声之中，相信学生也会涌现出对教师的敬重、佩服之情。

案例中，教师对学生引发的课堂突发事件的管理，无疑是相当成功的。教师在管理课堂、管理学生的行为方面，有几处细节值得我们关注和学习。

第一，微笑着对学生说话。案例中，课堂中发生了意外的"骚乱"，而且"骚乱"的源头是有位学生将教师的"缪"姓，与猫的叫声联系在一起，并且趁老师写板书时发出"喵"的一声。这时，学生以为教师会发怒，教师却是面带微笑。教师"反常"的微笑，让学生觉得接下来说不定会发生什么更多的意外之事。所以说，教师的微笑，为接下去要讲的精彩话语作了良好的铺垫。

第二，用"妙"替换"喵"。案例中，有位学生由老师的姓"缪"，联想到猫的叫声"喵",并且脱口而出发出了"喵"的声音,严重影响了课堂教学的秩序;教师则把学生学猫叫的"喵",故意听成学生赞美老师的"妙",并且用言语行为表达出来。教师通过这一言语行为,巧妙地偷梁换柱,化解课堂"骚乱"于无形,真可谓做得"妙"。

第三,拓展"妙"的评价。案例中,教师机智地把"喵"替换成"妙"之后,又顺着"学生夸我妙"这一评价,进行了锦上添花的拓展。教师是这么说的:"同学们,你们先别忙着夸我'妙'。从今天起,我们一起来学习,到时候再请你们给我作评价,到底妙不妙?"教师在其幽默的话语中,不仅解释了接下来的师生交往、课堂教学中,老师将与你们一起学习,而且坦诚地要求学生,对自己将来的课堂教学进行评价。到了此时,教师已经圆满地对课堂教学中的突发事件进行了管理,并且收到了非常理想的成效。

点睛笔:

1. 对于学生在课堂中发出的不和谐声音、做出的破坏课堂纪律的举动,教师不一定非得要较真,不见得把学生批评得哑口无言,就显得教师有本事,就表示教师能够管好课堂。

2. 教师的不计较、不批评、不较真,貌似什么都没有做,但实际上,更加能够教育学生,感化学生。

34. 听课老师也要守纪律

教师在身份上与学生有差异,在教学中的分工也有所不同。师生之间的关系,在很多场合是管理者与被管理者的关系。教师在学生面前,似乎有着一定的"特权":要求学生做到的,自己却做不到。比如说,教师都要求学生要遵守课堂纪律,自己有时候却无视课堂纪律。这种状况,有的教师在自己教的学生面前,或许会表现得好一些,"表演"得到位一些。而一旦以听课者的身份出现在其他学生面前,这些教师可能就不屑于"表演"了,就会"原形毕露",无视课堂纪律了。

教师要做到为人师表,在学生面前更是要做到表里如一。教师不管是在自己的课堂里,还是在同事、同行的课堂里,与学生一样遵守课堂纪律的意义在哪里呢?

首先,以身教的方式教育学生。我们都知道,在更多时候,教师对学生的身教重于言教,教师不经意间的一言一行,比空洞的长篇说教,更能对学生的成长发展产生重大的影响。在学生面前,老师无疑是最好的参照,老师如果不注意自己的言行举止,他在课堂上的说教就会显得苍白无力。在教研课和公开课上,听课教师同全体学生不仅是一个不可分割的整体,而且听课教师的行为会给学生以很强的人格示范,其言行就是学生一部生动的教材。因此,与学生同坐一个教室听课,听课教师就是课堂的一分子,也应该而且必须遵守课堂纪律。听课教师来不得半点特殊,应该比学生更遵守课堂纪律。①

其次，锤炼提升教师的自我素养。与学生一样遵守课堂纪律，是对教师行为提出的一个要求。教师做到、做好了这一点，并且深刻理解了这一行为背后的意义，对强化先进的教育理念，改善自己的教育行为，有着重要的推进作用，而且，这也是教师提升自我素养的一个途径。

听课教师随意地违反课堂纪律的行为细节，反映了他们内心深处隐藏的一些价值观念，比如说，作为教师，要"高"学生一等，在课堂中不必像学生一样遵守纪律；听课没有多少意义，自己也是迫于领导布置的任务，不得不来听一下课的；其他教师上课，学生在课堂上学习，与我又不相干，我完全可以按照自己喜欢的方式，在课堂中随意做一些事情；如此等等。而教师做到了与学生一样遵守课堂纪律，并且关注了在课堂中的个人行为细节，则可从细微之处体现个人的素质和修养。听课教师从没有遵守课堂纪律到与学生一样遵守课堂纪律转变的过程，恰恰是提升个人素养的一个过程。

最后，维护教师队伍整体形象。在教师心目中，不管是自己教的学生，还是不是自己教的学生，都应该遵守纪律；同样的，在学生心目中，不管是教自己的老师，还是其他的老师，都应该为人师表。也就是说，在很多时候，在学生看来，教师形象是作为一个整体而存在的。教师个体不守课堂纪律的行为，不仅破坏个人的形象，同时还会影响教师队伍的整体形象，削弱教育的整体效果。当教师要求学生遵守课堂纪律时，学生们可能会想，有的教师自己都不遵守课堂纪律，凭什么只是让我们遵守呢？所以，听课教师遵守课堂纪律，不仅仅是维护自己的个人形象，更是维护了教师队伍的整体形象。

---

① 黄佑生. 教师听课要注意的几个细节［J］. 湖南教育，2009（1上）.

下面，我们将结合对一个案例的阅读和分析，来具体讨论一下教师与学生一样遵守课堂纪律，需要注意的某些行为细节。

案例 34.1　课堂中不和谐的"音符"[①]

这是一节小学语文校本教研课。教师在动情地朗诵《春》，春天的气息在课堂中悠悠流动，一双双痴迷的眼睛在明媚的春光里沉醉，一颗颗激情的心在空中飞翔……这时，一位听课教师的手机响了起来，打破了"春天"的美妙与和谐，学生们从聆听中转过头，充满惊讶、无奈和抱怨，授课老师则只有苦笑。这节课中，不仅手机响了多次，而且还有听课老师当众接听电话。课堂中响手机、接听手机，无疑影响了学生的学习，违反了课堂纪律规定，甚至可以说是教学事故。此外，听课教师还有其他"不雅"行为：学生合作探究时，一些听课教师趁机开小会、讲话；一些听课教师在课堂中抽烟、嚼口香糖或槟榔；一些听课老师穿着拖鞋进教室，坐姿不文雅……

案例 34.1 中，听课教师在课堂中不守纪律的细节，具体表现在以下方面。

第一，听课前没"打理"好手机。课堂中手机多次响起，破坏了和谐的课堂氛围。要想手机不响，其实是一件很容易的事。听课教师只要在课前把手机"调整"一下：把手机关掉，或是调到振动状态，或是调到静音状态，那么课堂中的手机铃声就可以避免了。有人可能会说，这一小小的细节，无非是个人习惯问题，即使有时没做到，也无伤大雅。教育无小事。教师听课前不调整一下手机状态，本身就是一个不好的行为习惯。手机在课堂中也有可能会突然响起，影响到课堂教学；更深层的问题是，教师对手机调整的忽略，反映的是对教研的不重视，对学生的不尊重，对上

[①] 黄佑生. 教师听课要注意的几个细节［J］. 湖南教育，2009（1 上）.

课老师的不礼貌。

第二，听课过程中公然接听手机。如果说手机铃声的响起，还有可能是教师的无心之失的话，那么，在课堂中旁若无人地接听手机，则是公然无视与破坏课堂纪律了。在听课过程中，教师也不是一定不能接听手机。教师如果迫不得已要接听手机，那么在振动或静音状态下发现有重要来电时，教师也可以暂时离开教室，在教室外小声地接听好电话再回来。听课教师离开教室接听手机，可能有人认为是"多此一举"的细节，但此举反映出的恰恰是对他人以及对自己的尊重。

第三，课堂中表现出不雅的行为。案例中，描述了听课教师在课堂中的诸多不雅行为：学生合作探究时，一些听课教师趁机开小会、讲话；一些听课教师在课堂中抽烟、嚼口香糖或槟榔；一些听课老师穿着拖鞋进教室，坐姿不文雅……毫无疑问，教师在课堂中的不雅行为，都是不守课堂纪律的行为。如果说，听课教师在课堂中偶尔与身边的同事轻声交流一下意见还可以接受的话，那么，听课教师在课堂中抽烟、吃东西、穿拖鞋、无坐相等行为就有点令人瞠目结舌了。这些行为更多反映出教师个人文明修养的缺失，甚至还可以上升到教师的职业道德问题。

与学生一样遵守课堂纪律，说难其实并不难。毕竟作为成人的教师，克制力总归要强于学生，只要教师把理念转变过来了，付诸的行动亦不过是在课堂中注意一下自己的言行而已；而且，在课堂纪律的执行方面，听课教师还要起到榜样示范的作用，不仅要与学生一样遵守课堂纪律，而且要比学生表现得更好。

点睛笔：

1. 在更多时候，教师对学生的身教重于言教，教师不经意间的一言一行，比空洞的长篇说教，更能对学生的成长发展产生重大的影响。

2. 教师做到、做好了与学生一样遵守课堂纪律，并且深刻理解了这一行为背后的意义，对于强化先进的教育理念，改善自己的教育行为，有着重要的推进作用，而且，这也是教师提升自我素养的一个途径。

3. 在学生看来，教师形象是作为一个整体而存在的。教师个体不守课堂纪律的行为，不仅是破坏个人的形象，同时还会影响教师队伍的整体形象，削弱教育的整体效果。

35. 考试之前与学生握手

考试是检验学生学习成效的有效手段。在学校学习期间，每个学生免不了要经历大大小小的多次考试。然而，考试对大多数学生来说，并不是一件轻松愉快的事情，相反，很多学生在考试前，总会出现紧张、焦虑的心理状态。对于这种情况，教师需要进行必要的心理疏导。

教师的疏导，体现了对学生身心发展的关心。教师要关心学生的发展，促进学生的发展。这样的观点，作为教育理念为广大教师所熟知。但问题是，这些理念如何转变为具体的教育行为、管理行为，教师如何在日常的行为之中，体现出对学生身心发展的关心？当然，教师关心学生发展的内容可以有多个方面，关心的方式也可以多种多样。不过，不管怎么样，教师对学生的关心，不能只是千篇一律的"嘘寒问暖"，还应该有具体的行为，从细节之处关心学生。在考试之前，教师对学生进行必要的心理疏导，就是关心学生身心健康和发展的一种具体方式。

教师的疏导，能够改善学生的不良心理状态。考试对学生有着重要的意义，考试成绩对学生的学习与生活有着不小的影响。学生考得好，不仅自己高兴，而且家长会满意、奖赏，老师也会表扬；学生考不好，不仅自己沮丧，而且家长可能会责骂，老师也可能会批评。不同的学生对考试有不同的忧虑：上次考得好的学生，希望这次也考得好；上次没考好的学生，希望这次考得好一些。有的学生担心不能正常发挥，有的学生担心不会做的题目太多，有的学生担心考试的时间不够用……学生的不良心理状态，在考试之前多多少少存在。教师在考前对学生进行有针对性的心理疏导，能够极大地改善学生的心理状态，消除一些不必要的顾虑，帮助学生安安心心地迎接考试。

教师的疏导，能够帮助学生取得优异的成绩。考试成绩虽然主要取决于学生平时的"苦功"，但是学生在考试时临场发挥的好坏，对成绩也有着重要的影响。学生假如以瞻前顾后、担心、焦虑的心态对待考试，那么在考场的发挥就会不稳定，真实的学习水平往往很难在成绩中体现出来。这样，考试成绩就很难理想，至少是不易反映学生真实的学习水平。教师在考试之前对学生进行心理疏导，能够让学生以良好的心理状态进入考场，能够帮助学生在考试中发挥自己最好的水平，从而帮助学生取得优异的考试成绩。

教师疏导学生的考前焦虑心理，可以借助于不同的方式。教师可以说几句让学生宽心的话，也可以以具体的行为来影响学生。下面，我们将结合案例的阅读和分析，来重点讨论一下教师考试之前，通过与学生交谈、握手等方式，来疏导学生焦虑时，需要注意的一些行为细节。

案例 35.1　握手让学生平静下来[①]

每一个学生都是一本读不完的书，别看他们年纪小，但他们的内心却浩大如海。有一些事情，在大人的眼里，虽是微不足道，但在儿童的眼里，就是大事一件。对于这些事情，老师更要处理好，否则，学生就有"不通则痛"之感，严重影响心理的健康发展。

记得在一次考试前，我望着我的学生。忽然，我发现他们的目光中充满了紧张，充满了不安，他们是不是在担心考试考不好？他们是不是在琢

[①] 本案例由上海市宝山区虎林路小学金蓉琴老师撰写.

磨考试题很难？那一刻，我很心疼我的孩子们。为了让他们平静下来，我就要先放松，于是我镇静地对学生说："一会儿考试，静下心来，用自己宁静的心来答题。"我又深情地说："我想和你们握一次手，我已经教你们5年了，还没有和你们握过手，今天我要和你们每一个人握手，好不好？"顿时，许多学生的脸上充满了喜悦。

我开始和学生握手，我一桌一桌地，一个一个地挨着顺序握了每一只手。学生的手，有的软软的，和儿子的手一样；有的热乎乎的，让我觉得好温暖；有的凉凉的，让我觉得好清爽；有的胖乎乎的，像个小肉团；有的瘦瘦的，却让我感觉很有力量。我握着学生们的手，望着幸福的笑容在他们脸上绽放，就这样，我握了这个学生的手，又握那个学生的手，教室里洋溢着春天般的温暖，似乎成了一片爱的海洋。此时此刻，用这种方式与学生沟通，我和学生竟享受到了从未享受过的幸福呢！

后来，那次考试，每个学生都取得了空前的好成绩，班级平均分也达到了历史最高纪录。可见，细节创造了奇迹！

案例35.1中，教师考前对学生进行心理疏导时，有一些管理行为细节值得我们注意。

第一，仔细观察考试前的学生，发现学生的紧张和不安。我们都知道，考试之前学生会出现不同程度的紧张，但是，具体到某一次考试之前，特定的学生群体面临的紧张有什么具体的表现，需要教师进行细致的观察，才能得出确切的结论。而这个结论，则为教师采取什么的心理疏导，提供判断的依据。案例中，教师对学生考前的状态进行了观察，了解了学生紧张和不安的具体表现形态。这为教师接下来的管理决策和管理行为，提供了进行判断的基本依据。

第二，先让自己把心情平静下来，再镇静地跟学生说话。要疏导学生的心理，对学生进行心理辅导，教师自己的心理状态首先得平静、稳定。

案例中，教师看到学生目光中充满了紧张和不安，自己的情绪也发生了波动，为学生感到心疼。不过，教师意识到自己的这种心理状态，是不利于对学生进行心理辅导的。于是，教师先对自己的行为，进行了自我管理和自我调整，让自己放松、平静下来，接下来，教师才对学生说，"一会儿考试，静下心来，用自己宁静的心来答题"。教师自己的平静和镇定，才能让自己的话更有说服力，才能以自己的平静和镇定影响学生，让学生更快地做到静心。

第三，表达与学生握手的想法，并依次和每个学生握手。教师安慰学生的言语，学生应该听过不少，这些话虽然对学生的影响还是有一些的，但效果却很难说有多么好。案例中，教师在要求学生静心之后，又深情地说："我想和你们握一次手，我已经教你们 5 年了，还没有和你们握过手，今天我要和你们每一个人握手，好不好？"在考试之前，教师要求与每个学生握手，这对学生来说，应该是一件新奇之事，而且是学生喜欢做的事。教师通过与学生握手，与学生进行了良好的沟通，共同与学生享受了别样的幸福。如此，学生原先的紧张与不安，肯定被幸福和喜悦代替了，学生带着这样的心情去考试，难怪能够取得"空前的好成绩"。

点睛笔：

1. 教师对学生的关心，不能只是千篇一律的"嘘寒问暖"，还应该有具体的行为，从细节之处关心学生。

2. 教师在考前对学生进行有针对性的心理疏导，能够极大地改善学生的心理状态，消除一些不必要的顾虑，帮助学生安安心心地迎接考试，从而让学生取得优异的考试成绩。

36. 请提醒学生拉开窗帘

每个学生都有无数次考试的经历，相应地，几乎每位教师都有无数次监考的经历。在监考过程中，教师要进行考场管理，也即对考场中的环境和学生进行管理。我们知道，学生在考试之时，需要集中精神，保持良好心态，这样才能考出好成绩。学生在考场的发挥，会受到诸多因素的影响。在考试过程中，教师需要注意自己的行为细节，管理好考场的环境、管理好学生，帮助学生取得良好的成绩。

下面，我们将结合案例的阅读，来讨论一下教师管理考场的某些行为细节。

案例 36.1　把那窗帘拉开吧[①]

期末考试时，我和史老师在五年级（8）班监考。一进教室，我们简单强调了一下考场纪律后，就驾轻就熟地开始拆封、数卷、发卷，紧接着学生开始答题。我俩前后各一个，开始履行自己的职责。当考试开始20分钟左右后，由校长、教导主任、教导员组成的考场视察组来教室进行视察。赵校长进入教室，带着一贯平和的表情，用温和的目光扫视了一下整个考场，轻声说了句："把那窗帘拉开吧！"挨窗的同学迅速将窗帘拉开。顿时，教室一下子明亮起来。

[①] 王素花. 教师，莫要淡化了行为细节 [EB/OL]. http://www.yqjqedu.cn/ShowArticle.asp?ArticleID=15093.

此时，坐在教室后面的我心里感到很不是滋味：刚才来到教室就觉得光线有些暗，过去开灯，却发现有两个灯管是坏的，我心里只怪（8）班的同学不爱惜公物，怎么就没想到拉开窗帘，让学生在明亮的教室，在一个好的心情下考试呢！

坐在那里，我在思考一个问题：作为老师，像这样的细节到底让我们忽略了多少？以前点点滴滴的事，一下子都涌进了我的脑海：

站在门口，我会关注全班学生有没有到齐，没到的学生我会确定他没到的原因。但对于来了的学生，我从没有关注过他们的表情与面色，从没关注过他们是否带病来的；

走进教室，我都要用我敏锐的鼻子，闻一闻教室里的空气是否浑浊，但只是偶尔才会提醒学生开窗通风；

当学生的坐姿、站姿、写字的姿势不正确时，我也很少会把若干年之后，学生鼻梁上的那副眼镜和他的驼背，与我的不怎么提醒相联系；

学生做眼保健操的时候，我只注意到纠正他们错误的姿势，从没思考过，不洁净的双手，在眼睛上反复揉按可否会有副作用？更没考虑过要和学生一起做眼保健操；

在升旗仪式的肃穆氛围下，学生在高唱国歌，我从没考虑学生是否在听我们歌唱的声音；

为了学生的安全，我们禁止了他们奔跑、做剧烈运动，但是从没有考虑在禁止的同时，他们有哪些需要。我们倡导的活动，学生都有兴趣参加吗？

当我看到课堂上个别学生昏昏欲睡的时候，总要停下正在讲的内容，训斥该生几句，从没想过学生不听的原因是由于他的不认真，还是自己的教学没有味道？

今年冬天气候多变，我也很少关注到学生的衣着与当时的气温是否相符……

教书是良心活，我们平时总说我们工作会对得起自己的良心，可就是没思考过以上的问题。古人尚知勿以善小而不为，我们做事为什么要"眼高手低"呢？现在，我才在窗帘拉开的一刹那，真正明白生命化教育的真谛，我才懂得什么才是真正的热爱教育，关心学生。我们每个老师，尤其是班主任，应该做一个真正的教育细节的思考者，让我们的工作充满爱意，传递真情，散发出美丽的芳香。

案例36.1中，不仅描述了校长管理考场的一个行为细节，案例的作者还反思了自己的其他管理行为。在这里，我们将分两点对案例进行剖析。

第一，校长进入考场后，针对教室光线暗的现象，进行了简单有效的管理。进入教室之后，校长并没有只顾着视察的"本分"，看一下考场纪律情况，就匆匆地离开。当校长"带着一贯平和的表情，用温和的目光扫视了一下整个考场"之后，注意到了教室的光线比较暗，可能会对学生的考试有所影响，于是，轻声说了句："把那窗帘拉开吧！"校长做出这样的决定，可能经历了如下的管理过程，并且注意到了不少的管理细节。首先，应该注意到了教室光线暗、学生考试受影响、有的灯管是坏的等细节。接着，发现没有拉开的窗帘布，成了影响教室光线的一个重要因素。然后，要求学生把窗帘拉开，使教室变得更加明亮，让学生有更好的考试环境。

第二，案例作者比照校长的做法，及时总结、反思自己的管理行为。在校长要求学生通过拉开窗帘这种方法，使教室变得明亮起来之后，坐在教室后面的教师（即本案例的作者），对自己没能做到这一点，心里感到很不是滋味。教师对自己的管理行为进行了反思，案例作者认为，"刚才来到教室就觉得光线有些暗，过去开灯，却发现有两个灯管是坏的，我心里只怪（8）班的同学不爱惜公物，怎么就没想到拉开窗帘，让学生在明亮的教室，在一个好的心情下考试呢!"在与校长考场管理行为的比较中，案例作者找到了差距，反思了自己做不好的原因。

案例作者不仅反思了考场管理的行为细节，而且还反思了其他场合学生管理的行为细节。教师反思的主要是自己管理行为中忽略的那些细节，而这些细节不仅影响着管理的绩效，而且还影响着对学生的发展。教师把自己的管理行为细节都做到位，应该是非常具有挑战性的任务；教师的管理行为细节暂时没有做到位，也不是什么难以启齿的问题。只要教师勤于反思自己的管理行为，勇于改善自己的管理行为细节，那么，教师的管理水平就会不断地得到提高。

除了案例 36.1 中描述的这一具体的考场管理行为细节外，教师在进行考场管理时，大致上还要注意哪些行为细节呢？

首先，提前进入考场。教师应该提前几分钟进入考场，观察一下考场的物理环境，看看光线是否明亮，温度是否适宜，空气是否流通，课桌椅是否排列整齐；教师可以观察一下学生是否都已经到位，学生的精神状态如何，学生的考试用品是否都准备好了；等等。

其次，做好应急准备。考场中可能会发生一些突发事件，教师对此要有心理准备，并且要知道如何处理不同类型的考场情况。

再次，注意用语措辞。在考试之前，教师可能会对学生进行必要的心理疏导，可能要强调一下考试注意事项和考场纪律；在考试之中，教师也可能要与个别学生进行言语互动；在考试结束之时，要提醒学生交卷的方式。教师在与学生进行言语交流时，要注意措辞中肯，语气平和，避免因措辞不当引起学生反感，从而影响学生的情绪。

最后，避免影响学生。教师在考场中要做好自我管理，避免自己的行为影响学生的考试。比如说，教师不要经常在考场中走来走去，或者长久地在某个学生旁边停留，教师要确保自己的手机不发出声音……

下面，我们继续阅读一则教师考场管理失败的案例，再来具体分析一下教师在考场时的管理行为细节。

案例 36.2　一次考场变故[①]

高考临近，某校举行例行的考前模拟考试。监考老师来到教室，重申考试纪律。他警告道："上次考试，我们这个班有人作弊，希望这次不再出现类似现象。否则，绝不轻饶。"学生骆某，党员，校学生会主席，成绩特优。听完老师的话，立即起立纠正道："老师，如果说上次考试有人作弊的事，发生在我们班教室，这是事实；但说我们班同学作弊却不对。请你纠正。"师闻言暴跳，令骆某停考。学生毕竟拗不过老师，骆某终未能参加该次考试。

在案例 36.2 中，监考教师措辞不当，把有学生曾在这个教室作弊，与这个班级的学生作弊混为一谈。对学生骆某公然地纠正自己的错误这一举动，那位教师勃然大怒，无礼地批评学生，使师生的矛盾激化。最后导致学生骆某未能参加考试，其他学生考试时的情绪也受到了不良的影响。案例中教师的管理行为细节为何出现问题？可能与其不正确的教育观念有关：教师认为，自己作为教师，是学生的长辈，在地位上是高于学生的；而学生应该服从，即便是他的言行有误，受其管理的学生也不能批评、反对。但是，大多数学生却未必认同这种观念，尤其是学生骆某。

---

① 张阜生. 一场师生冲突的启示 [J]. 四川教育，2003 (10).

点睛笔：

1. 在考试过程中，教师需要注意自己的行为细节，管理好考场的环境、管理好学生，帮助学生取得良好的成绩。

2. 教师把自己的管理行为细节都做到位，应该是非常具有挑战性的任务；教师的管理行为细节暂时没有做到位，也不是什么难以启齿的问题。只要教师勤于反思自己的管理行为，勇于改善自己的管理行为细节，那么，教师的管理水平就会不断地得到提高。

3. 教师在进行考场管理时，需要注意的行为细节有：提前进入考场，做好应急准备，注意用语措辞，避免影响学生。

37. 向孩子承诺后要兑现

作为教师，常常会向孩子们许诺，如果你们怎么样怎么样，老师就用什么什么奖励你们。教师许诺的东西，往往是孩子们喜欢的东西，也只有这样，教师的许诺才对孩子们有足够的吸引力。但是，相对于教师做出的种种许诺，教师主动、有意识、自觉地实现诺言的情况，却似乎并不理想。教师为什么会出现许诺不兑现的情况？原因无非是教师无意遗忘，或者是有意回避。再追问，可能是有的教师对许诺本身不当一回事，事情一多就忘记了，或者是觉得实现诺言有点麻烦，就下意识地不去实现诺言了。有的教师可能觉得，欺骗一下孩子，也没什么大不了的，小孩子估计会很快淡忘的，就是记得，也不能把我怎么样。

而实际上，真实的情况并非如同有的教师想得那样。在孩子们心中，是那么的在乎教师的许诺。教师一旦失信，其后果往往是严重的，失信的教师失去的是孩子们的信任，丧失的是教师的人格魅力。如同有的研究者所说的那样：为了达到一定的教育教学效果，有些老师经常使用一些欺骗性的手段，还美其名曰"善意的谎言"，事实上却对学生造成了无形的伤害。如果以为孩子小，就可以滥用"权术"，失信于孩子，那是非常错误的。学生虽然年龄小，社会阅历浅，但有自己的尊严，你欺骗了他，就会在他幼小的心灵里留下创伤。他一旦发现老师言而无信，不能成为自己的楷模，就会失去精神上的依托、行动上的指南，产生逆反心理，与老师的正确教育背道而驰，其后果很难想象。①

下面，我们将结合一则相关案例的阅读，再来具体讨论下教师失信存在的问题，以及简单分析教师许诺需要注意的行为细节。

案例 37.1　学生为什么露出失望的神色②

由于工作原因，要外出参加会议，为了不影响教学进度，我临时和体育老师调了一下课。当我走进教室向学生宣布下次补上体育课时，许多学生露出失望的神色，有的学生甚至私下叽里咕噜，为此我十分纳闷，学生为什么会有这样的反应？

事后，我做了问卷调查，原来期中测试前，我班的英语教师答应他们测试成绩理想的话，就抽出一节英语课作为活动课以示奖赏，可到现在都没能兑现。

有的学生说："老师，您是我们最尊敬、最爱戴的人，您经常教育我们要诚实，要言而有信，可你们自己许下的承诺有多少实现了呢？"

有的学生说："老师又在唬人，把我们当三岁的小孩，简直把我们当猴耍。老师真虚伪。"

还有的学生说："老师，您知道吗？并不是我们不相信您，这样的事我们经历多了。我们也知道有时老师是为了我们好，我们也知道这是善意的谎言，但我们还是希望老师能遵守自己的诺言。"

案例 37.1 中，有关教师行为细节的信息非常丰富。我们分两点来进行分析。

第一点，我们先从细节上看一看，案例作者在学生管理方面的可取

---

①　李金洋. 教师，你关注自己的细节了吗 [J]. 学校党建与思想教育，2006 (10).

②　李金洋. 教师，你关注自己的细节了吗 [J]. 学校党建与思想教育，2006 (10).

之处。

其一，思考学生为什么会流露出失望的神色。案例中的教师因为临时有事，就与体育老师调换了一下课，这本是学校中最正常不过的事情。但是，当教师向学生宣布这一消息时，学生们却流露出了失望的神色。教师敏锐地捕捉到学生们不同寻常的神色，发现有的学生甚至私下叽里咕噜之后，就开始思考"学生为什么会有这样的反应"。教师能有这样的反应，说明了对学生的细节关注，并且积极开动脑筋搞清楚其中的问题。这是一种很好的行为习惯。

其二，通过问卷调查，了解学生露出失望神色的原因。问卷调查法是教育研究中常用的一种方法。教师能用这种方法调查学生，说明教师有较强的研究意识，也具备一定的研究能力。

第二点，我们结合案例中学生的反馈，谈谈教师承诺失信的不良后果。

其一，长久地影响学生的情绪。案例中的学生反映源于英语教师答应他们的"奖赏"一直都没有兑现。学生对教师把一节英语课作为活动课，可以说是期盼已久，而且，为了实现愿望，估计下了一番工夫努力学习，并且考出了好成绩。但是，对于学生在意、期待的事，教师却没有兑现承诺，这样一来，学生的情绪难免有波动。

其二，影响其他教师的管理。英语教师不守承诺，给其他教师的学生管理带来了困难。教师不守承诺的事，学生估计也不是头一回遇到。学生的反对虽然无效，但不影响学生对此事的深恶痛绝。学生还会将对有的教师不守信用的认知，迁移到其他教师身上。当案例作者承诺补上占有的体育课时，学生失望的神色中，分明写满了"我不相信"四个字。

其三，影响教育的效果。对于英语教师的失信，不少学生耿耿于怀，觉得老师说谎、不守信、虚伪。一旦学生对教师形成了这种刻板印象，那么教师今后对学生的"传道""说教",哪怕说得天花乱坠,学生们估计也就姑且听之了。如此,教育的效果可想而知。

在对案例进行分析之后,我们再跳出案例,简单地探讨一下教师对学生进行承诺时,还要注意的一些行为细节和有关事项。

首先,想好之后再承诺。教师要慎重对待承诺,要在深思熟虑之后,再做出承诺。教师对学生的承诺,要量力而行,即能够实现的承诺,才可以许诺。

其次,要努力兑现承诺。承诺之后,要有担当,不可失信。对于兑现承诺,教师要拿出"君子一言,驷马难追"的气概,确保言而有信。

最后,遇到难以兑现的承诺,要说明原因,征得学生谅解。由于某些不可抗拒的外因,教师做出的一些承诺,可能会面临难以兑现的尴尬。对此,教师不能逃避,不能不作说明,而是要及时解释,以取得学生的谅解,并且还要采取一些补救措施。

点睛笔:

1. 失信的教师失去的是孩子们的信任,丧失的是教师个人的人格魅力。

2. 教师承诺失信的不良后果包括:长久地影响学生的情绪,影响其他教师的管理,影响教育的效果。

3. 教师对学生进行承诺时,需要注意的一些行为细节和有关事项有:想好之后再承诺;要努力兑现承诺;遇到难以兑现的承诺,要说明原因,征得学生谅解。

38. 不替学生完成分内事

在学校教育情景中，我们会发现这么一种奇怪的现象：本该是学生的分内事，却被教师越俎代庖，代替学生完成。学生有做学生的本分，应该自己做好自己的分内之事。实际上，教师是帮助学生做分内事的关键人物，要在学生需要帮助的时候提供必要的帮助，而不能抛开学生，自作主张地代替学生完成他们的分内事，就算是学生请求教师代替自己完成，教师也不能一时心软而答应学生。为什么说教师不要代替学生完成分内之事，特别是强行代替学生完成分内事呢？

一方面，降低师生之间的相互信任。教育信任是维系师生关系的基本条件，是教师有效开展教育教学活动的影响因素。任何破坏师生之间相互信任的举动，教师都要三思而行，应该着力避免。教师强行代替学生完成分内事，正是破坏师生相互信任的一个管理行为。教师觉得学生水平不够，不相信学生能够凭自己的力量把事情做好，在这样的情况下，才会强行代替学生完成分内事。教师对学生的不信任，会让学生很容易地察觉出来，并且会造成学生对教师的不信任。

另一方面，剥夺学生自我表现的机会。本该由学生做的事情，现在让教师做了，也就没有学生的事了。教师不让学生"动手动脑"，貌似照顾了学生，实则剥夺了学生的机会。虽然有些事情让学生来做，学生一开始可能会做得不好，学生的"处女秀"总是难免有一些不尽如人意的地方，但是，不要忘记了，每个人的做事能力是不断发展的，没有人一开始就能把所有的事情做好。而学生也正是在一次次不完善做事的过程中，逐步地走向完善的。

对于学生做不好的事，特别是初次尝试做的事，教师要充分信任学生，让学生在自主做事的过程中不断地发展。但是，有的教师在这一点上总是做得不到位，影响了学生的健康发展。下面，我们将结合一则相关案例的阅读，再来具体分析一下教师代替学生做事这一管理行为细节。

案例 38.1　请相信我们能完成黑板报[①]

黑板报原本是学生的园地，理应让学生自己去处理。班主任却不让我们做，据说学校要以此量化班主任工作。班主任有自己的想法，对我们设计的版面这也不满意，那也不满意，最后邀请美术老师来指导，与他合伙代我们完成。老师，该我们做的事不让我们做，不该我们做的事，偏让我们做，不知老师葫芦里到底卖的什么药。

案例 38.1 描述的是教师不满意学生的黑板报，于是就自己找人合作，包办了本该属于学生完成的黑板报。对于教师这一管理行为细节，我们可以从以下方面进行分析。

第一，对学生设计的版面不满意，就代替学生完成黑板报。黑板报是学生的"自留地"，完成黑板报应该是学生的分内之事。不管学生设计和完成的黑板报是否令人满意，教师都不能把学生撇在一边，包办替代地为学生完成黑板报。遇到学生出黑板报有困难的时候，或者学生出的黑板报不符合要求的时候，教师应该耐心一点，可以给予学生必要的帮助，但还是应该让学生自己来完成。案例中的教师，一遇到学生出的黑板报不合自己心意，就找来美术教师，与他合伙代替学生完成。不管是出于什么原

[①] 方旭. 不可淡化的行为细节 [J]. 中国教育报，2008-1-31.

因，教师这样的管理行为细节是不可取的。

第二，过于看重个人的利益和荣誉，忽略学生的自主发展。案例中的教师为何如此在意班级的黑板报，为何费力不讨好地替学生完成黑板报？根据案例中提供的信息，可能是与学校进行的量化考核有关。量化考核的优劣，想必与教师个人的利益与荣誉挂钩。在这种情况下，教师不得不在意班级的黑板报了，教师搞一些"包办替代"、"弄虚作假"也就不足为奇了。可见，对班级、教师的量化考核是一把双刃剑，一旦相关的管理措施不到位，完全可能会产生负面的影响。但最大的问题是，教师为了自己的名利，却忽略学生的表现机会和自主发展。以牺牲学生发展为代价，教师的一番"苦心"，自然落不了学生的好。

总之，教师要时时提醒自己，不要"好心"做了学生的分内事。不替学生完成分内事，既包括不要主动包办学生的事情，也包括不要被动"帮助"学生完成自己的事情。例如，本书讨论的第 24 个教师行为细节——"不必每次都告诉学生答案"，也涉及了不替学生完成分内的学习之事。但是，这里要把握一个度。我们反对教师包办代替，同时也提倡教师要善于帮助学生，成为学生学习和成长的"拐杖"。

点睛笔：

1. 教师是帮助学生做分内事的关键人物，要在学生需要帮助的时候提供必要的帮助，而不能抛开学生，自作主张地代替学生完成他们的分内事，就算是学生请求教师代替自己完成，教师也不能一时心软而答应学生。

2. 教师强行代替学生完成分内事，会降低师生之间的相互信任，剥夺学生自我表现的机会。

3. 对于学生做不好的事，特别是初次尝试做的事，教师要充分信任学生，让学生在自主做事的过程中不断地发展。

39. 帮一年级新生做卫生

在教师的职业生涯中，很少有教师一直只教某个年级的学生，而是会与许多不同发展阶段的学生打交道。即使几年内教的是同一批学生，这批学生每年都是要升级的，教师要伴随他们从低年级升入高年级。对于不同年龄阶段的学生，教师应该采取不同的教育方式、管理方式。比如，对于刚进入小学的一年级学生来说，他们尚处于学校生活的适应阶段，教师应该给予他们更多的关心和帮助，包括与他们一起打扫教室卫生。教师亲自动手，帮助一年级新生打扫卫生，有什么特别的作用吗？

一方面，让新生们感受到来自老师的温暖。新入学的一年级学生，对教师来说是不熟悉的新学生；相应地，在这些学生看来，教师也是陌生的新教师。这时候，教师假如主动放下架子，亲自拿起扫把，与学生一起来打扫教室，那么教师的真诚帮助，会让学生感受到一种真实的温暖。而且，教师有意识的行为，会促使学生对教师产生亲切感和信任感。当学生多次感受到来自教师的温暖之后，师生之间的默契关系也就建立起来了。

另一方面，帮助新生尽快地适应学校的生活。学生们初到一个完全陌生的环境，会感到诸多的不自在，有的学生甚至会感到无所适从。对于小学一年级的新生来说，他们不了解学校生活的很多方面，在很多场合也不知道如何调整自己的行为。他们可能不仅不会打扫教室卫生，甚至不知道打扫教室卫生是他们自己的职责。教师对学生伸出援助之手，以实际的行动来引导学生的行为，能够帮助学生"依葫芦画瓢"，掌握一些学校生活的基本技能，从而做到尽快地融入到学校生活之中。

下面，我们将结合一则相关案例的阅读和分析，来讨论一下帮小学新生打扫教室时，教师需要注意的管理行为细节。

案例 39.1　帮小学新生打扫教室[①]

作为教师的我们，应该时刻注意自己的一言一行，向学生展现正确、向上的一面，对学生施以正面影响。就如我们常说的一句话："喊破嗓子不如做出样子。"

就拿我所教的孩子来说吧，他们刚入学时都是刚从幼儿园出来，在家里还需要爸爸妈妈帮着穿衣、吃饭，为他人服务的概念还没有形成，要想让他们主动参与卫生劳动工作还需要花点心思。于是，每天的卫生保洁时间，我就从壁橱里取出扫帚，轻轻地帮他们打扫教室，从后到前，从左到右……

一脸稚气的小朋友会问："朱老师，你在干什么？"

"在打扫教室呀！"

"为什么要扫呢？"

"你们看，教室被你们使用了一天后，多脏呀！在这样脏的教室里上课，你们愿意吗？"

"不愿意！"

"所以，老师为了能让你们在一个干净、整洁的教室里学本领，就要帮你们把教室打扫干净呀！"

"那我能一起打扫吗？"

"行呀，你真是个爱集体、爱劳动的好孩子！"

---

① 本案例由上海市宝山区淞滨路小学朱斐老师撰写.

"朱老师，我也来行吗？"

"老师，我也来！"……

短短几天，简简单单的一个行为，真心诚意的一句表扬，加入打扫教室的孩子越来越多了，有时为了谁先扫，谁没有扫到，还发生了小小的口角。于是，我因势利导，教育孩子们，爱集体、爱劳动，不仅仅表现在打扫教室卫生这一种行为上，还可以表现在平时不随便扔垃圾，见到废纸屑能随时随地捡起来，尊重其他人的劳动成果等方面。果不其然，原先脏兮兮的教室，开始变得越来越干净了！

打扫教室，在我们成年人眼里，看似一件小得不能再小的事情，可是对孩子来说，却可能是一件平生从来没有做过的大事，而我创设了一个平台，让他们在争先恐后地积极参与中，完成了这件事情！所以，"教育无小事"。任何一名有责任感的教育工作者，都应该做到"勿以恶小而为之，勿以善小而不为"，把"教书"和"育人"工作的每一个细节做精做细，落到实处。

案例39.1描述的是教师帮助一年级新生打扫教室的管理行为。在教师的引导下，学生形成了讲卫生的意识。通过案例，我们可以发现教师的管理行为细节，可以分以下几点进行具体的分析。

第一，持续地帮助学生打扫教室，吸引学生的注意。案例中的教师，对于管理新生打扫和保持教室卫生，采取了欲擒故纵的方法。教师并没有直接告诉学生，要自己打扫卫生，要保持教室干净，而是在"每天的卫生保洁时间"，"轻轻地帮他们打扫教室，从后到前，从左到右……"教师每天的行动，成功地引起学生的注意力，于是有的学生就问老师在干什么。教师则借此机会，告诉学生自己是在打扫教室。

第二，解释打扫教室的原因，鼓励学生一起来打扫。对于为什么要打扫教室，案例中一年级新生竟然一无所知。案例中的教师先问学生愿不意在脏的教室里上课,当得到否定的答案后,才告诉学生自己帮他们打扫教室的原因——"老师为了能让你们在一个干净、整洁的教室里学本领"。教师的做法和解释,得到了学生们的认同。有的学生请求要与教师一起来打扫教室。对于学生的行为,教师给予充分的肯定,并且表扬学生是"爱集体、爱劳动的好孩子"。至此,教师对学生的管理,已经基本上达到了预期的目标。

第三,借势教育孩子爱劳动、讲卫生,尊重他人劳动成果。案例中的一年级新生,经由教师的亲自示范、引导和表扬之后,加入打扫教室的孩子越来越多,学生打扫教室的积极性也充分高涨。教师敏锐地抓住这一教育契机,告诉学生爱集体、爱劳动、讲卫生的道理,并且告诉学生爱集体、爱劳动、讲卫生的具体表现。教师通过前面一番管理行为细节的铺垫,到了教育时机酝酿成熟的时候,才把有关的道理和要求告诉学生。案例中的教师,是在让学生有一定的直观感受、生活体验之后,再帮学生总结一些基本的道理。这样,教师开展了基于生活体验的教育,避免了空洞的说教。

> **点睛笔:**
>
> 1. 教师有意识地帮助一年级新生打扫卫生,会促使学生对教师产生亲切感和信任感。当学生多次感受到来自教师的温暖之后,师生之间的默契关系也就建立起来了。
>
> 2. 教师对学生伸出援助之手,以实际的行动来引导学生的行为,能够帮助学生"依葫芦画瓢",掌握一些学校生活的基本技能,从而做到尽快地融入到学校生活之中。

四、教师学习行为细节

古人云,"活到老,学到老"。在社会生活节奏加快、知识激增的当今时代,作为以"传道、授业、解惑"为己任的教师,更需要抓住各种学习的机会,不断充实自己的知识,提高自己的素养,促进自己的专业发展。因而,不管参加有组织的学习还是自我学习方面,教师都要管理好自己的行为细节,提高学习的针对性和实效性。

40. 在教研活动中向同事学习

在教师的职业生涯中，参加学科教研组活动，应该是司空见惯的事情。有的教师以应付的心态，参加教研组组织的教学研究活动，甚至把参加教研活动当成一种负担。诚然，有的学校组织的教研活动，流于形式，光说不练，让很多教师望而却步，着实提不起多少研究和学习的兴趣。但总的来说，参加学科教研组的活动，是教师向同事学习的重要方式。在教研活动中，教师应该管理好自己的行为细节，虚心向身边的同事学习。那么，为什么说参加教研活动，是教师重要的学习方式呢？

一方面，研讨内容贴近工作。教研组是以学科为单位组织教学研究活动的。参加教研组活动的同事，一般是相同或相近学科的同行。在教研活动中，教师会看到：有的同事展示自己的教学设计，交流自己的教学体会，有的同事交流听课的感受，畅谈学科教学的注意事项。在这个过程中，教师只要掌握参与教研活动的要点，管理好自己的行为细节，就能够学到对自己教学工作密切相关的教学经验，避免出现他人犯过的教学失误。

另一方面，教研之后方便请教。每一次教研活动的时间，即便讨论得再热烈，不经意间超过了规定时间，但也不可能无限制地延长。对于参加教研活动教师来说，在教研活动中的提问和发言机会，也是有限制的；特别对于那些想学习同事经验长处的教师，仅仅限于教研活动之时的学习，会感觉到意犹未尽。但好在同一教研组的同事，当面请教还是比较容易的。在教研活动之后，教师可以就教研活动中感兴趣的话题，继续与同事交流，继续向同事请教。

那么，在教研活动中，教师向同事学习时，需要注意哪些行为细节呢？下面，我们将结合一则案例的阅读，来具体探讨一下教师参加教研活动时，向同事学习需要注意的行为细节。

案例 40.1　参加教研活动的感悟[①]

开学第一周周三下午第一堂课，付老师要上一节高三一轮复习的研究课。我记挂着第一次参加教研活动不能迟到，中午没有睡觉，第一个到达教室。

这节课付老师用多媒体复习《大气物质组成和垂直分层》：他把主干知识制成 PPT 表格，由学生看书填空。基本的教学流程是一点一个同学，学生在书本上找出答案读出来，然后是下一个空格的填写。发言的学生一个接着一个，课堂氛围却是非常沉闷。我开始还做着笔记，后来发现画面一闪而过，记不下来，就懒得动笔了，付老师浑厚的男中音就像催眠曲，"哄"得我情不自禁地打起瞌睡来。

李书记就坐我后边，如果我的头时不时地低那么一两下，让她看出端倪，给她留下不虚心好学的印象，可就不好了。我赶紧悬崖勒马，挺了挺身子，看了一下教室的各个角落，不禁对高三（10）班的学生心生敬意：如此了无生气的课堂，居然只有两个同学睡觉，大约 6 个学生没怎么抬头。

付老师到底是老教师，时间把握得十分恰当，下课铃声响，最后一个空正好填完。

"上课前，你们进行集体备课了么？"开始评课了，李书记脸上冷若

---

①　张彩云. 初为人师第一年（中学版）[M]. 北京：中国轻工业出版社，2010：282-283.

冰霜。

"昨天才接到任务，还没来得及。"作为教研组长，又是调研备课组组长的雷老师嗫嚅两句，颇不好意思。

"这样上高三复习课，肯定不行！上学期我听了历史组的几个老师的公开课，他们的课都组织得有声有色，成长得非常快！"李书记严肃地说："你们组内先议，我明天再听你们两节同一课题其他教师的课，再一起点评。"

李书记似乎不仅对付老师这节课不满意，对他的工作态度和工作能力也产生了怀疑。付老师十分的尴尬和不安，整个会场被一股压抑的氛围所笼罩，我这个小字辈更是大气都不敢出。

雷老师只好开始点兵点将："龚老师，你先说说。"

"多媒体只是一种教学的辅助手段，它不能替代传统的教学手段……"高一的备课组组长龚老师说。

"我认为这堂课的设问还有待打磨。设问不能过于简单，没有探究价值……"高二的备课组组长包老师接着评价。

雷老师就多媒体的使用和课堂的热闹与实效，也谈了自己的看法，又布置了这学期主要的活动安排，我们就解散了。

"上一堂优质课不容易吧！"走在路上，我师傅龚老师嘱咐我："你平时一定要多学习，勤思考哦！"是呀，人家工作十多年的老教师，都遭遇课堂教学的滑铁卢，何况刚出茅庐的我呢！我明天要跟着李书记去听听另外两位老师的课，再拿一份自己的教学设计，来让我师傅帮忙看看。

案例40.1中，案例作者描述了第一次参加教研活动的情况。通读案例，关于教师参加教研活动的学习行为，有几处细节值得我们注意。

第一，抱着良好的学习态度，参加教研活动。学习的态度如何，在很大程度上决定着学习结果的好坏。这是因为学习能力不强，可以用良好的学习态度来弥补；而假如学习态度不端正，则难以用其他方式来弥补。案例作者非常重视教研活动，把参加教研活动当作是重要的学习机会。其具体的行为是："中午没有睡觉，第一个到达教室。"虽然教师的这一学习行为细节，可能与其第一次参加教研活动有关，但我们要强调的是，提前到场，做好学习准备，是一种良好的学习态度。

第二，仔细观察、思考课堂中的师生行为。案例作者在听课的过程中，应该说还算是比较认真的。这位教师通过观察，概括了上课教师的基本教学流程，描述了自己对课堂气氛的感觉，注意到了学生的学习情况，还留心到了上课教师对课堂教学时间的把握。认真观察同事在课堂教学中的做法及其效果，并且对这些现象进行自己的思考和分析，也是一种向同事学习的方式。这样做能够帮助自己在教研活动中学习借鉴同事经验，避免同事在教学中出现的不足。

第三，多参加教研活动，善于运用学习成果。案例作者在教研活动结束之后，有不少感触。例如，案例作者觉得即使老教师上课，也是要不断学习提高的，否则会"遭遇课堂教学的滑铁卢"，作为新教师的自己，更应该"多学习，勤思考"。案例作者还做出多参加类似教研活动的决定，并且在参加教研活动之后，把参加教研活动的学习成果，运用到自己的教学设计之中。在拿出自己的教学设计之后，还要自己的指导教师来提意见。

当然，这位教师在听课过程的某些行为细节，也存在需要改进的地方。比如说，因为"画面一闪而过，记不下来，就懒得动笔"。其实，做听课笔记不仅是记录上课教师板书、PPT，也要记录自己听课时的即时思考。再比如，觉得上课教师的男中音像催眠曲，就"情不自禁地打起瞌睡来"。实际上，觉得上课教师讲得无趣，也不能觉得就无可学，就可以打瞌睡。在这个时候，听课教师可以思考一下，上课的教师为什么会讲得不

好，应该如何改进。作了思考之后，还要把自己的想法，及时地记录下来。

在这里，我们也要说明一下：参加教研活动的学校领导，要善于营造好的学习环境。案例中的李书记在评课环节开始时，冷若冰霜的表情，质疑的语气，对上课教师的否定，影响了教研活动的氛围，造成教研活动的研讨不是很充分，不利于参与教研活动的教师相互交流，以及总结经验教训。

> **点睛笔：**
>
> 1. 教师只要掌握参与教研活动的要点，管理好自己的行为细节，就能够学到对自己教学工作密切相关的教学经验，避免出现他人犯过的教学失误。
>
> 2. 在教研活动之后，教师可以就教研活动中感兴趣的话题，继续与同事交流，继续向同事请教。

41. 在教师培训中向专家学习

在教师的职业生涯中，都会有参加教育培训的经历。培训的次数或多或少，培训的时间或长或短。参与培训，是教师学习专家、提高专业水平的重要方式。在探讨教师参加培训时的行为细节之前，我们先来讨论教师参加教育培训的意义。鉴于来给教师作专业培训的培训者，主要是教育理论专家，或者是教学实践专家，我们主要从提高理论水平和增长实践视野两方面，来谈一谈教师参与教育培训的意义。

一方面，有助于了解理论的框架和课改前沿。掌握一定的教育学、心理学理论，熟悉国家教育规划与改革、新课程改革，这些是教师素养不可或缺的基本方面。这方面的理论知识，教师可以凭借自学来获得，也离不开教师的自学。但是，完全靠自学来获得理论知识，对相当多的教师来说，是非常困难的一件事。借助于教师培训，在教育专家的辅导下，教师可以在较短的时间内，迅速了解理论的框架和课改的前沿。

另一方面，能够了解教育实践中的优秀范本。教师培训的内容，很大一部分是关于教育实践的。来自高校、研究机构的教育理论专家，来给教师做培训，其内容除了理论知识外，也可以是对教育实践的提炼、总结；来自教学实践一线或曾经从事教学实践的教学专家，给教师做培训的内容，主要是教育、教学的实践知识。这样，教师通过参加培训，能够了解教育实践的走向，能够学到教育实践的优秀范本。

当然，教师参与培训，可以学到的内容远不止上述的两个方面。下面，我们将结合一则案例的阅读，来具体地探讨一下教师在参与培训中的某些行为细节。

案例 41.1　通过培训向专家教师学习[①]

下周就要正式扮演教师角色，内心有一丝兴奋，但也有几丝惶恐不安：毫无教学经验的我，拿什么让同事和学生们认可？周四下午学校组织近十个新教师培训，真是雪中送炭呀！

首先每位教师做了简短的自我介绍，谭校长向我们提出了期望，教务处李主任着重讲了课堂教学常规方面的要求，我全做了详细记录。印象最深刻的有两点。第一，多向有经验的老师学习，多听课，了解老师的教学风格和学生的特点；第二，熟悉高中所有教材，了解本学科的知识体系、结构，多做题目。

"学校给大家每人还准备了一份新学期的礼物。"李主任说。

"哇噻，还有礼物？"我们窃喜，眼里放出兴奋的光芒。

原来是一本书——《与优秀教师同行》，我颇有点失望。大学四年，读的书也够多了！我现在需要的是实践，实践，再实践！

"我们统一培训，平时也是一样要求，但几年后，我们中的有些人可能已成长为优秀教师，而有的老师说不定还在原地踏步。"敏锐的李主任大概是注意到了我们眼中黯淡下来的目光，严肃地说："到底如何发展，大家学习学习当代教育家，有'现代孔子'之称的魏书生老师吧。"

我们开始看光碟。魏老师演讲内容丰富，不仅讲教育教学，还讲人生。近两个小时的报告转瞬即逝，魏老师的身影消失了，我们心潮澎湃，意犹未尽。他的报告事例生动，思路清晰，逻辑严密，语言幽默，很深刻

[①] 张彩云. 初为人师第一年（中学版）[M]. 北京：中国轻工业出版社，2010：264-265.

的道理，他娓娓道来，似乎在和我们亲切地聊家常，在轻松愉快的氛围里，我们有醍醐灌顶、忽然悟道的感受。魏老师把我作为新教师的迷茫困惑一扫而光，对于他独特的教育方法我跃跃欲试。现在的我激情满怀，踌躇满志，对下周的教师生活充满了期待。

案例41.1描述的新教师参与教育培训的情况。不过，其中涉及教师在培训中的学习行为细节，不管是做得到位的，还是做得不够的，都可以作为我们批判性学习的素材。

第一，对于培训中的学习要求，做了详细记录。案例中，组织教师培训的学校管理者，无论是学校的校长，还是学校的教务主任，都对教师参与培训，提出了期望和要求。对于这一点，案例作者做了详细记录。这一教师学习行为细节，是值得肯定和提倡的。培训组织方设计教师培训，是要体现组织意图的，对参与培训的教师个体，在学习方面多多少少有一定的要求。了解这些要求，在培训中按照这些要求来学习，教师才会有更多的收获。相反，有的教师参与培训时，连培训的要求也搞不清楚，培训过程中就容易浑浑噩噩，不能从全局来了解培训，这样参与培训，收获也就非常有限。

第二，当学校发书给教师后，感觉颇有点失望。案例中描述了这么一个情节，当学校给教师发放《与优秀教师同行》这本书，作为新学期礼物时，案例作者感到颇有点失望。其原因是"大学四年，读的书也够多了！我现在需要的是实践，实践，再实践！"。其实，教师的想法和行为表现是有点偏颇的。且不用说，发放的书与培训的内容紧密相关，是教师参与这一次培训的补充读物。就算这本书与这次培训关系不大，但作为一本与教师成长有关的书，教师可以通过阅读向优秀教师学习。至于说"读的书也够多"也是相对的，有用的知识、有用的书，再多也是不多的。

第三，案例作者还谈到了向名师学习教育方法的想法。对于这一点，要慎重对待,要注意学习的细节,包括要清楚到底向名师学习什么,如何向名师学习。有人把名师的教学步骤详细地记录下来,机械地移植到自己的课堂,结果并没有取得想象中的效果。这并不是名师的方法不好,其实是学习的内容、方法不对路。向名师学习,要学习他们的教育观念、做人态度、进取精神和学习与研究的方法等等。在学习模仿的基础上,还要努力形成自己的教学风格。[①] 这应该也算是教师向实践专家学习时,个人需要注意的行为细节。

点睛笔:

1. 借助于教师培训,在教育专家的辅导下,教师可以在较短的时间内,迅速了解理论的框架和课改的前沿。

2. 教师通过参加培训,能够了解教育实践的走向,能够学到教育实践的优秀范本。

3. 要慎重地向名师学习,要注意学习的细节,包括要清楚到底向名师学习什么,如何向名师学习。

---

① 张彩云. 初为人师第一年(中学版)[M]. 北京:中国轻工业出版社,2010:266-268.

42. 通过网络与同行探讨交流

随着电脑和互联网的普及，网络逐渐走进人们的视野，成为人们学习、工作与生活的一部分。对教师来说，访问教育网站，注册个人教育博客，在网上发表教育成果，已经不再是什么新鲜事了。换个角度看，网络是教师与同行进行交流的平台，也是教师开展学习的重要途径。教师借助于网络与同行进行学习交流，这种学习方式有哪些独特之处呢？

首先，极大地突破时间和空间对学习的限制。教师与校外的同行进行交流，是拓展教师视野，了解各地、各校先进教育教学经验的好方式。受制于空间距离和时间不对称，在传统条件下，教师与校外同行交流，会经常感到"心有余而力不足"。网络技术的出现和互联网的普及，为教师与校外同行的交流打开方便之门。教师只要坐在电脑前，足不出户，人不出门，就能与同行进行跨越空间的共时或延时交流。交流的方式可以利用文字、语音、视频中的一种或几种。教师甚至可以利用随身携带的"上网本"、多功能手机等工具，与同行在网上进行随时随地地交流。

其次，有利于找到更多志同道合的教育同行。人多力量大，人多好办事。这句话有个前提，即只有志同道合的人聚在一起，才能更好地发挥集体的力量。这一道理同样适合于教师的工作与学习。在本单位中，教师应该也可以找到一些志同道合的同事，共同来研讨教育教学中的问题，但是这样的同事数量可能有限，有的时候研讨活动也不方便。随着互联网的普及，网络的触角已经延伸到全国各地，许许多多的教师已经以网络为友，以网络作为学习的工具。借助于网络，教师更加能够如鱼得水，找到更多的有共同志向的同行，相互鼓励，相互交流，共同学习，共同提高。

最后，能为持续的学习和进步积累大量素材。目前，通过网络与同事交流，主要还是以文字交流的方式为主。文字能够记载交流所需的素材，记录交流时的灵感和心得，而网络技术则为保留文字和整理资料，提供了十分便利的条件。成长是需要记录的，学习更需要回顾，毕竟"温故而知新"。教师借助网络与同行交流，不仅能够达到交流、学习的目的，而且能够持续积累有关教育教学的素材、个人即时的教育感悟与心得等电子文稿，这些材料用之得当，必会成为个人学习、成长、发展的阶梯。

下面，我们将结合案例的阅读，来具体讨论一下通过网络与同行交流，这种学习方式需要注意的若干行为细节。

案例 42.1　在网络上与同行交流[①]

贺老师在一些教育网站上认识了很多志同道合的朋友。在教育网站上，他认识到在祖国的各个地方有一群和他一样的追梦人。在交流思想的同时，贺老师也积极把他的教学方法、教学理论、随笔发到网上供同行们探讨交流。在这个虚拟的世界里，老师畅所欲言，毫不忌讳地表达自己的见解，可谓是"奇文共欣赏，疑义相与析"。在这个平等而自由的世界里，五湖四海的同行们对他的作品"品头论足"，指出不足，提出不少有价值的意见，慢慢地，贺老师发现自己进步了。

案例 42.1 中，贺老师通过教育网站，坚持与同行进行探讨交流，在长期的交流与学习中，提高了自己的专业水平。案例中描述的教师学习行为细节，有几点值得我们学习借鉴。

[①] 宋运来. 影响教师一生的 100 个好习惯［M］. 江苏：江苏人民出版社，2009：182.

第一，毫无保留地表达自己的想法。与同行进行交流，要敢于发表个人的见解，哪怕是不成熟的看法、错误的观点，都不能藏着掖着，否则的话，就会收效甚微。案例中的教师，积极地把自己的教学方法、教学理论、随笔发到网上，供同行们探讨交流；也与志同道合的同行一样，在网络这个虚拟的世界里，畅所欲言，毫不忌讳地表达自己的见解。如此的学习行为，会"倒逼"教师积极思考，撰写教育小文章，从而促进教师的自我学习。

第二，虚心地接受他人的不同意见。与同行进行交流，要善于接受他人的意见，尤其是关于问题与不足的意见。因为相同的意见、表扬的话语，固然能让人欣喜，但是，不同的意见、批判性的建议，却能促进人进步。案例中，当教师在网络上发表了作品之后，五湖四海的同行们提出不同的看法，也提出不少有价值的建议。对于此，案例虽然没有直接描述贺老师是如何对待那些不同意见的，但从字里行间和最后的结果来推断，贺老师应该是虚心接受他人的意见。无论是在网络上学习，还是其他场合学习，这都是一种良好的学习行为细节。在网络上学习，更应该如此。

第三，长期坚持上网，向同行学习。学习贵在坚持。通过网络，与同行进行交流，完全是自愿的行为，更要靠个人的自觉和坚持。如同案例中描述的那样，在长期上网与同行的交流中，贺老师慢慢地发现自己进步了。只有持之以恒，才能得到最大的收获。案例中的贺老师，显然做到了这一点。

点睛笔：

1. 网络技术的出现和互联网的普及，为教师与校外同行的交流打开方便之门。教师只要坐在电脑之前，足不出户、人不出门，就能与同行进行跨越空间的共时或延时交流。

2. 借助于网络，教师更加能够如鱼得水，找到更多的有共同志向的同行，相互鼓励，相互交流，共同学习，共同提高。

3. 教师借助网络与同行交流，不仅能够达到交流、学习的目的，而且能够持续积累有关教育教学的素材、个人即时的教育感悟与心得等电子文稿，这些材料用之得当，必会成为个人学习、成长、发展的阶梯。

43. 随身带着书，随时来学习

广泛地阅读是个体进行自我学习的重要方式，其中书籍应该是主要的阅读对象。对于教师来说，应该把读书作为一种学习方式和生活方式。教师的工作很紧张，除了繁忙的教学与研究，还有做不完的事务，可以说，专门用于读书的大块时间是很难得的。但话又说回来，好学的教师总能够找到办法，在工作之余挤出宝贵的时间用来读书。有的教师会随身带着书，利用教学和事务性工作中的间隙，见缝插针地读书。教师如此的学习行为细节，有什么地方值得称道吗，能够发挥什么好的作用吗？

首先，可以利用零碎时间来读书。读书的时间是永远不够用的，总是抱怨没有多少时间读书，也是毫无意义的事情。教师应该学会利用零碎时间来读书。把零碎的时间利用起来，是善于时间管理的表现。每一段零碎的时间虽然短暂，也许短到看不了一页书，但长久以往，却能多读好多书，起到集腋成裘、聚沙成塔的学习效果。

其次，可以随时与书本进行对话。读书是一个不断思考的过程，是一个与书本对话的过程。孔子有云，"学而不思则罔，思而不学则殆"。教师读书，也理应边读边思考，把读书当作是与书本对话。"随身带着书，随时来学习"这种学习行为，非常有利于教师与书本的对话。原因如下：一是想与书中哪段话对话时，就可以随时把书拿出来查看原话，毕竟人的记忆力是有限的，不可能精确记住所有看过的内容；二是可以把对话产生的思考，随时记录在相应书页的空白处，方便以后再次阅读和思考。

最后，能够对学生产生积极影响。教师趁着有空的时候，随时随地把书拿出来阅读，这样的学习行为能够被学生观察到。当学生经常看到教师如此爱读书、爱学习时，就会对其学习态度、学习行为产生潜移默化的积极影响。学生还会情不自禁地产生这样的想法：我要像老师一样，利用各种零碎的学习时间，随时随地地用来读书。如此，教师"随身带着书，随时来学习"的学习行为细节，也就成了学校教育中的隐蔽课程。

下面，我们将结合一则相关案例的阅读，再来讨论一下"随身带着书，随时来学习"学习行为的若干细节之处。

案例 43.1　在教室里看书的教师[①]

我自学大专那段时间，课余就在教室里抓紧"啃"读《现代文学作品选》等中文课程。不知怎的，围在我身边的孩子一日比一日多，他们一会儿瞧瞧我的脸，一会儿看看我的书，一边还相互维持着秩序——"别挤着老师""别吵着老师"……有一次，有人提议要我读些作品给他们听。后来，我为了减少"牵挂"，就与他们商量：能否由我推荐一些名著，然后学生自己到图书室借阅，他们欣然同意。从此，教室里少了喧闹声，多了读书声，游离在外的几个顽皮的孩子，也不好意思再折腾了，慢慢地随了"大流"，融入了书的"海洋"。我考完了专科，随之也送走了一批批爱读书的孩子。

在案例 43.1 中，教师某些学习行为、管理行为的细节，值得我们学习借鉴。

第一，课余在教室里，抓紧时间读书。教师有的时候，不得不出现在教室之中。在教室的时间，教师不见得都是在教学，或是检查学生学业情

---

① 严育洪. 这样教书不累人 [M]. 北京：教育科学出版社，2009：64.

况,或是为学生答疑解惑。教师在教室时,也会有短暂的空闲。案例中的教师,善于利用零碎时间,每当课余在教室时,就抓紧"啃"读《现代文学作品选》等中文课程。教师这一学习行为细节,不仅自己利用了每一次不多的课余时间,最终积少成多,促进了个人的学习,而且,还对学生的行为产生了有益的影响。比如说,给了学生关心教师的机会。当学生看到教师在教室看书时,还帮着维持秩序。

第二,推荐一些名著,让学生去借阅。案例中的教师,课余时间在教室啃读文学作品,增强了学生对文学作品的兴趣。学生还提议教师,读些作品给他们听。教师因势利导,给学生推荐一些名著,然后让学生自己到图书室借阅。教师的这一管理行为,使"教室里少了喧闹声,多了读书声",连几个不怎么好学的顽皮孩子,也见贤思齐,慢慢地加入了读书的队伍。教师个人抓紧课余时间读书的学习行为,真是"无心插柳柳成荫",在不经意间培养了一批爱读书的学生。

点睛笔:

1. 好学的教师总能够找到办法,在工作之余挤出宝贵的时间用来读书。

2. 每一段零碎的时间虽然短暂,也许短到看不了一页书,但长久以往,却能多读好多书,起到集腋成裘、聚沙成塔的学习效果。

3. 教师读书,理应边读边思,把读书当作是与书本对话。

4. 当学生经常看到教师如此爱读书、爱学习时,就会对其学习态度、学习行为产生潜移默化的积极影响。

44. 每天用一点时间教学反思

教学反思是对教学过程的批判性思考，既肯定成功的做法，又反省教学中的不足，并深刻挖掘现象背后的原因，提出改进教学实践的建议。它不但是教师开展教学研究的载体，也是教师进行自我学习的途径。教学反思一般要见诸于文字，形成书面的反思性文字片段或反思性报告。相对来讲，教学反思入门比较容易，但难在长期坚持，尤其是坚持经常撰写书面的教学反思。假如教师能够做到每天花一点时间用于教学反思，能够经常性地把反思的内容形成文字，那么对于教师的学习、研究、成长和发展来说，是极有助益的。

首先，是开展自我学习的一种好方法。教学反思一般反思的是教师自己的教学过程，对自己教学进行反思的过程，实际上是向自己学习的过程。在批判性思考的过程中，教师反思自己做法的成功之处，就是深刻学习自己的经验；教师反思自己行动的不足之处，就是深刻学习自己的教训；教师反思改进教学中问题的方法和策略，就是深刻学习比较合理的做法。

其次，是进行教学研究的一条好途径。教学反思是对教学进行批判性思考，而批判性思考本身是一种研究中常用的思维方法，不断进行教学反思，积累教学反思报告的过程，实际上也是教师开展教学研究的过程。教学反思以教师日常的教学活动为反思对象，与教师的教学实践紧密结合，所以，教师进行的教学反思，一般都是有的放矢言之有物的。通过每天的教学反思，进行持续的教学研究，是符合教师职业特点的一种好的研究方式。

最后，是进行自我行为修正的好方式。借助于对教学的批判性思考，教师能够深入地认识到自己教学中存在的不足，尤其是找出司空见惯的教学现象中隐含的问题。找出问题与不足，仅仅是教学反思的一个环节，更重要的是，教学反思还包括对解决问题的思考。因此，每天教学反思，实际上为教师经常性地修正行为方式，不断改进自己的课堂教学，提供了努力的方向和实践的策略。

下面，我们将结合一则相关的案例，来谈谈通过教学反思进行自我学习，教师需要注意的行为细节。

案例44.1　一次语文课的反思日记[①]

这是一节识字课——《十二生肖》，课上我设计了一个问题："请同学们猜猜毛老师是属什么的？"这一问不要紧，"一石激起千层浪"，孩子们的小手齐刷刷举起来，脸上洋溢着兴奋的微笑。

生甲："我猜毛老师是属羊的，因为我妈妈就是属羊的，毛老师像妈妈。"

生乙："您是属牛吧！爱劳动，天天拖地什么的。"啊！我成了老黄牛了。

生丙："毛老师属兔的，因为您挺温柔的。"

这时，有一个平时散漫而大大咧咧的男生站起来说："我看哪，毛老师是属虎的，我就看到您睁着一双大眼睛，瞪着我，挺凶的，真厉害，多像老虎呀！"

陆续还有几个学生们分别说我属这个、属那个，快把十二生肖说了一个遍。

---

① 张彩云. 初为人师第一年（小学版）[M]. 北京：中国轻工业出版社，2010：239.

这场对话带给我很大触动,我感受到学生对老师的感情多么单纯,学生对老师的观察又多么细微,师生间的情感交流又是多么重要。

我想,教师对学生的情感会从教师的言语、行为、举止上流露出来,并在日常教学和教学外的一言一行、一笑一颦中表现出来,并被他们所觉察、所感受。我们应该重视师生间的情感交流。

上完语文课回到办公室,我拿起笔把这个场景写了下来。这是我第一次写反思日记,自从踏上工作岗位就感到忙忙碌碌,似乎没有时间来反思自己的教育教学工作。写这篇反思时,我发现及时记录可以让自己冷静思考得与失,从中积累经验,发现问题,为今后的工作提供更多的帮助。可是,怎样写反思日记才更有实效呢?应该反思些什么呢?这也让我陷入了深深的思考。

通读案例44.1的有关内容,我们可以从中提取出关于教师进行教学反思,值得引起我们关注的若干行为细节。

第一,随时反思。教学反思的撰写,是在教学过程结束之后进行的。而对教学的批判性思考,却在教学过程中就开始了。某个教学环节正在实施时,教师可以利用教学的空档,对正在进行的教学环节,或前面的教学环节进行反思。案例中,教师对教学过程的反思,在教学实施的过程中,就已经悄然地进行了。当然,教学实施时的教学反思,也要适可而止,不能因为反思花的时间和精力过多,而影响了教学的实施。

第二,及时记录。对教学的批判性思考,基于对教学过程的印象。随着印象的模糊不清,教学反思的撰写也就难以进行了。案例中,教师一上完课,就回到办公室,迅速地拿起笔,把值得反思的教学场景写了下来。及时地记录鲜活的教学场景,迅速地把片段的思考记录在案,是教师进行教学反思时需要注意的行为细节。有的时候,确实没有条件立即撰写完整的教学反思,但一般来说,应该有时间把反思的要点写上几笔。临场思维火花的简单记录，对于提升教学反思报告的质量，是有着重要作用的。

第三，掌握方法。案例作者虽然也算写了教学反思，但我们知道，如此的教学反思，却有着很大的提升空间。案例作者也在寻思，"怎样写反思日记才更有实效呢？应该反思些什么呢"？说起来，掌握教学反思的方法，也是教师进行教学反思之前，就需要做到的行为细节。那么，教学反思到底要反思什么呢？教师可以从哪些角度，来切入教学反思呢？

有研究者将教学反思的内容，分为三个部分：（1）备课时是否遇到什么困惑，是否调整了教材，为什么这样调整（教师也可以反思是否对学生的实际状况有某种估计），其目的主要在于显现教师的"内隐理论"。（2）在课堂教学中"是否发现了预料之外的问题"（即在备课中和教案中没有预料到的问题），是怎样及时地处理这些问题、利用这些问题作为课程资源的。其目的在于提出教师在多大程度上"倾听学生"，或在多大程度上关注了教学中的"人的问题"。（3）有哪些需要注意的地方或有什么困惑。其目的在于通过教师的自我评价、自我表现和自我欣赏而形成教师的"自我意识"。在这三个方面中，第一条是"对备课的反思"，第二条是"对课堂教学过程的反思"，第三条是"课后的反思"。①

教学反思是教学实践的产物，它可以贯穿于教学活动的全过程，其对象涉及教学过程的方方面面。对课堂教学过程的反思，应该是教学反思的重点。就教学过程的反思而言，可以从以下几个方面入手：

其一，从教学目标来看，可以反思教学目标是否完成，完成了多少，为什么教学目标没有很好完成，进而反思教学目标设置得是否合理，等等；

其二，从教学内容来看，可以反思教材内容重点、难点的处理方法是否适合学习的实际情况，单元教学内容在学科体系中的位置是否合理，能

---

① 刘良华. 校本行动研究［M］. 四川：四川教育出版社，2002：186-189.

不能补充一些新的教学内容，什么样的教学内容是学生感兴趣的，等等；

其三，从教学方法来看，可以反思什么样的方法比较适合本节课的内容，学生对于讨论法、小组学习法等是否适应，在选择、使用不同的教学方法时要注意什么样的策略，等等；

其四，从教学程序来看，可以反思教学的导入、教学的推进、教学的结束等教学环节是否衔接得恰到好处，可以反思哪些环节可以少花些时间，哪些环节应该多花些时间，等等；

其五，从教学参与者看，可以反思教师是否过多地占用了课堂教学时间，是否过度地使用了预设，是否过分地强调了课堂纪律；可以反思学生在课堂教学中是否积极参与，学生在课堂是否敢于提出不同于教师、不同于同学的看法，学习困难的学生是否处于师生互动的边缘，等等。[1]

点睛笔：

1. 在批判性思考的过程中，教师反思自己做法的成功之处，就是深刻学习自己的经验；教师反思自己行动的不足之处，就是深刻学习自己的教训；教师反思改进教学中问题的方法和策略，就是深刻学习比较合理的做法。

2. 通过每天的教学反思，进行持续的教学研究，是符合教师职业特点的一种好的研究方式。

3. 每天教学反思，为教师经常性地修正行为方式，不断改进自己的课堂教学，提供了努力的方向和实践的策略。

4. 教师进行教学反思，需要注意的行为细节有：随时反思，及时记录，掌握方法。

---

[1] 郑金洲，林存华，程亮，张美云. 行动研究指导［M］. 北京：教育科学出版社，2004：217-218.

五、 教师日常行为细节

在教育教学的过程中，教师要做到为人师表，在校园之中的日常行为，也要时时注意细节，以免给学生传递不良的信息。在很多时候，教师日常的行为细节，就是对学生的一次次"身教"，而且这种教育比"言教"更具影响力。

45. 主动和学生打招呼

教师与学生在课堂之外偶遇是常有的事情。一般来说，师生之间见面要相互打声招呼，然后各自去忙各自的事。要问谁先打招呼，估计学生先打招呼的可能性要大一些，教师则有可能自恃身份，等学生打过招呼后，再礼貌地做出回应。至于碰到不打招呼的学生，装着没有看到教师的学生，教师主动先打招呼，这样的情况，不能说很少很少，但也不多。哪怕是学生假装没看见老师，教师都主动与学生打招呼，教师这样的行为细节，能够起到什么样的作用呢？

首先，能够提升教师的人格魅力。教师的人格魅力是教师内在权威的不竭源泉。缺乏人格魅力的教师，不管其学识如何渊博，对学生的教育教学效果，都会大打折扣。教师主动与学生打招呼，会让学生觉得老师平易近人，会让学生觉得老师确实在关心学生，会让学生觉得老师真的做到了尊重学生。在主动打招呼的过程中，教师的一声嘘寒问暖，教师发自内心的微笑，都有可能会让自己平凡的形象，在学生心目中变得高大起来，从而让教师充满着人格魅力。

其次，能够密切师生之间的关系。教师接触学生越多，不见得师生之间的关系，就会变得越亲切。师生关系的维系和培养，常常在于课堂之外。教师主动与学生打招呼，会让学生觉得老师不是那么的高高在上，而是像日常生活中熟悉的朋友，遇到之后相互真诚地问候一下。这样，学生与老师的心理距离拉近了,再加上教师的主动打招呼,本身就有亲近学生的意思。所以说,教师主动与学生打招呼这一行为细节,对于密切师生关系,能够发挥有益的作用。

最后,能够促进教育教学的开展。教师主动与学生打招呼,能够提升自身的"权威感",还能够提升学生对教师的"亲切感"。内在权威加强了,能够让学生易于服从权威的安排;亲切感加强了,容易使学生"亲其师,信其道"。这样一来,教师对学生施加的教育教学行为,在更加有权威的同时,还让学生觉得更加可信。如此,教师开展的教育教学活动,必定会更加顺畅,必定能够取得更好的效果。

下面,我们将结合一则相关案例的阅读,再来进一步讨论教师主动与学生打招呼这一行为,涉及的若干具体细节和教育理念。

案例 45.1　主动跟躲避的学生打招呼[①]

我是插班生,不愿与人交流,自闭得很,见了老师和同学从不打招呼。但有一天,您竟然主动跟我打招呼。我还从没见过学生假装没看见老师,而老师主动跟学生打招呼的。我一下子陷入沉思,九曲十八弯的思考后,我觉得自己不能再这么孤僻下去了,该改改了。

案例 45.1 的内容,是学生从自身感受的角度,描述的一次教师主动打招呼的情形。虽然案例的文字较少,提供的信息也不多,但仍能引起我们的一些思考。

第一,教师宽容学生"视老师而不见"。案例中的学生,性格自闭,不愿与人交流,见了老师和同学从不打招呼。这诚然是一种人性的弱点,不是一种好的行为习惯。这位学生碰到教师时,不仅不想打招呼,还假装没有看见,这是不礼貌的行为。对于学生不主动打招呼,教师非但没有抱

[①] 邢新宝. 教师的一个细节　学生的未来选择——由一位毕业生博客留言想到的[J]. 班主任,2007 (12).

怨学生不热情、不懂礼貌，反而给予了充分的宽容，并且自己主动问候学生。教师的这一行为细节，使学生的内心产生了很大的震动，让学生一下子就陷入了深思。

第二，教师把师生平等真正落到实处。很多教师在不少场合，喜欢把师生平等挂在嘴边，但真正需要落实师生平等时，却是显得有点表里不一。主动与学生打招呼，先一步问候学生，只是小事而已。做起来其实并不难，贵在坚持。案例中的教师恰恰是做到了这一点。同时，我们也注意到，案例中的学生有这么个印象，在遇到这位主动打招呼的老师之前，"从没见过学生假装没看见老师，而老师主动跟学生打招呼的"。很难说，案例中学生见过的教师，多么有代表性，能够代表教师群体的情况，但是，我们还是要追问，那些教师为什么不主动与学生打招呼？

提倡教师主动与学生招呼，是教师需要注意的日常行为细节，其实也体现了某些教育理念。教师主动与学生招呼时，还要注意一些具体的细节，比如说：要声音洪亮，让学生"避无可避"；要有真诚之心，避免走过场形式；要配合肢体语言，如微笑等，让学生觉得平易近人；等等。

点睛笔：

  1. 在主动打招呼的过程中，教师的一声嘘寒问暖，教师发自内心的微笑，都有可能会让自己平凡的形象，在学生心目中变得高大起来，从而让教师充满着人格魅力。

  2. 教师主动与学生打招呼，会让学生觉得老师不是那么的高高在上，而是像日常生活中熟悉的朋友，遇到之后相互真诚地问候一下。这样，学生与老师的心理距离拉近了，再加上教师的主动打招呼，本身就有亲近学生的意思。

  3. 教师主动与学生打招呼，能够提升自身的"权威感"，还能够提升学生对教师的"亲切感"。内在权威加强了，能够让学生易于服从权威的安排；亲切感加强了，容易使学生"亲其师，信其道"。

  4. 教师主动与学生打招呼时，要注意的行为细节有：要声音洪亮，要有真诚之心，要配合肢体语言。

46. 礼貌回应学生敬礼

每当上学的早晨，很多学校都会安排数名学生，站在校门口两侧，看见教师来就说声"老师好"。大多数学校要求学生向老师问好时，还要举手敬礼，以示隆重。当遇到学生敬礼和问好时，教师一般会予以回应，简短地说一句"你们好"、"你们早"，亲切地对学生点头、微笑。礼貌回应学生敬礼，是教师日常行为的细节。教师做到这一行为细节，有什么特别的意义呢？

首先，是尊重学生的表现。人与人之间的平等交往，离不开双方对各自的尊重。师生交往亦是如此。学生固然要尊敬教师，教师也要尊重学生。清晨时分，教师进入校门，开始一天的工作时，看到学生敬礼，听见学生问好，教师能体会到学生的尊敬，职业自豪感油然而生。对于学生友好的敬礼问好，教师也要表现出足够的尊重——形式未必隆重，态度却要诚恳。微笑着说一句"你们好"，或是认真地点一点头，都是对学生的尊重。

其次，是自我修炼的方式。作为学生学习的榜样、学生行为的标尺，教师的一言一行，都不能随性而为。对自己与学生交往时的行为，包括早上回应学生敬礼的行为，教师都要重视，按照"为人师表"的要求进行规范。可以说，教师每次礼貌回应学生敬礼的行为细节，都是对自己教育行为和教育理念的自我修炼。简单的行为细节，只要长久进行自我规范，就能够帮助教师将一些教育理念内化,将一些行为细节变成行为习惯,从而提升自己的基本素养。

最后,是行为示范的需要。"学高为师,身正为范",是对教师职业的基本要求。教育学生,我们教师要率先垂范,自身先做孩子的镜子、学生的榜样。自己做好了,再要求学生,相信我们的形象在孩子心中才会更高大,更有说服力。[①] 教师做好自己的行为示范,才能产生"桃李不言,下自成蹊"的教育效果。礼貌回应学生敬礼,正是教师对学生示范什么是平等、什么是尊重的一种好方式。

尽管我们都知道,教师要礼貌回应学生的敬礼,但是,我们也能时常发现如下的现象:面对学生的敬礼,不少教师却熟视无睹,面无表情地经过校门,表现出一副若无其事的样子。这是校园中不和谐的现象。为什么这么说呢?我们将结合案例的阅读,具体来分析这一现象存在的问题。

案例 46.1 当孩子向你敬礼后[②]

一次晨会,我在班上大讲文明礼貌的重要性,并要求我们每位同学都要做到五讲四美。正讲着,我发现小晨嘴里叽里咕噜,不知在讲着什么,脸上还略带不屑。课后我询问他原因,他回答道:"老师,你平常经常教育我们要讲文明懂礼貌,可我觉得你们老师还欠我们一个'礼'。"我一愣,他接着说:"你看,每天早上校门口的警校队员,都向进来的老师敬礼,喊'老师早',可你们老师有多少人向警校队员回过礼呢?"

仔细一想,的确如此。平时我们经常要求学生做这做那,可有多少我们自己做到了呢?学生是人,和教师的地位是平等的,他们内心也有丰富

[①] 李金洋. 教师,你关注自己的细节了吗[J]. 学校党建与思想教育,2006,(10).

[②] 李金洋. 教师,你关注自己的细节了吗[J]. 学校党建与思想教育,2006 (10).

的情感。当孩子充满敬意地向老师敬礼时，我们的老师是否应该关注一下孩子的感受呢？教育工作是一门知识性、情感性、思想性很强的工作。一个出色的教师，不仅要有渊博的知识、灵敏的思维，而且还要关注学生的情感，促进学生的身心健康发展。如果我们教师及时向学生说声"你好"，或者点一下头以示回礼，我想就不会让学生的心灵蒙上灰尘。

案例46.1中，有一学生以很多教师面对敬礼不回礼的现象，质疑某教师在晨会课强调的文明礼貌。看来，教师面对学生敬礼而无动于衷，还真不是一件无关紧要的小事。由此，我们有必要认真地思考一下，教师不对学生敬礼进行回应这一行为细节，到底存在什么样的问题呢？

第一，教师不回礼，是失礼的表现。礼貌待人是人际交往中的礼仪要求。师生交往过程中，教师除了要求学生对老师要有礼貌，更是要以自己礼貌的行为，以示对学生的平等和尊重。教师不对学生敬礼进行回应，是失礼的表现，是对学生的不礼貌。教师的失礼行为，会让学生牢记在心。案例中，那个学生不是很在意地向老师申明——"你们老师还欠我们一个'礼'"？

第二，教师不回礼，伤害学生感情。面对学生的敬礼和问好，有的教师视而不见、充耳不闻，可能与某些不正确的教育理念有关：他们觉得自己是高高在上的教师，没有必要与学生平等交往。他们表现出对学生礼貌行为的漠视，连句简单的问候或动作都不屑为之的吝啬，忽视了学生被尊重的心理需求，伤害了学生的感情。

第三，教师不回礼，影响教育效果。教师无视学生的敬礼和问好，对于教师教育学生要懂礼貌这一教育活动来说，起到了负面作用。教师这一不良的行为细节，割裂了"言传"与"身教"，让学生觉得老师说一套，做一套，从而觉得老师的话不可信，只是在欺骗学生。久而久之，在教师表里不一行为的耳濡目染下，学生也会变得不尊重他人，变得言行不一。

而且，由于学生觉得老师的话不可信，也会有意识地把教师的某些教育话语过滤掉，这样，教育的实效性必然会在无形中受到负面影响。

点睛笔：

　　1. 对于学生友好的敬礼问好，教师也要表现出足够的尊重——形式未必隆重，态度却要诚恳。微笑着说一句"你们好"，或是认真地点一点头，都是对学生的尊重。

　　2. 教师每次礼貌回应学生敬礼的行为细节，都是对自己教育行为和教育理念的自我修炼。

　　3. 教师做好自己的行为示范，才能产生"桃李不言，下自成蹊"的教育效果。礼貌回应学生敬礼，正是教师对学生示范什么是平等、什么是尊重的一种好方式。

　　4. 教师不回应学生敬礼，是失礼的表现，而且会伤害学生感情，影响教育效果。

47. 取得一点成绩就"炫耀"

根据我们传统的文化观念，若是取得什么成绩，那么应该戒骄戒躁，谦虚谨慎，低调一点，而不应该到处炫耀，好像什么人都要知道似的。大部分的教师群体都有这样的文化潜意识。对于工作中取得的成绩，相当多的教师不会主动去宣扬，而对于有人炫耀成绩，则会嗤之以鼻。但有的教师偏偏反其道而行之，取得一点点成绩就到处炫耀，而且多年以后还成了名师。那么，教师"炫耀"自己成绩的玄机何在呢？

第一，用炫耀来自我宣传。取得成绩，不骄不躁，保持低调，固然是一种美德。但是对于尚在成长阶段的教师，更需要推销自己，让别人知道自己的成绩和长处，这样，才能获得更多的发展机会。通过适当的"炫耀"，可以让同事，让领导更加了解自己的能力。当领导和同事对自己的能力有印象后，说不定什么时候，更好的发展机会就会悄然而至。

第二，用炫耀来自我激励。在同事面前"炫耀"成绩，于外是宣传自己的才能，于内则是对自己施加压力，逼迫自己不断地取得进步，而且是取得更大的进步。这是因为取得成绩就炫耀，必然会使自己成为公众人物，成为一段时间内大家谈论的焦点。这个时候，假如炫耀的成绩是昙花一现，那么很有可能"画虎不成反类犬"，成为大家暗中取笑的对象；而只有不断地取得进步，取得更大的成绩，才能最终让大家"无话可说"。所以，敢于炫耀自己的成绩，实际上也是进行自我加压，给自己以强大的外在推动力。

下面，我们将结合一则相关案例的阅读，来具体讨论一下教师炫耀自己成绩时，需要注意的行为细节。

案例 47.1　取得一点成绩就炫耀的教师[①]

发表了论文，他就奔走相告，办公室闲聊，他也是大谈理想。同事们私下嘀咕："就知道炫耀，不就是篇论文嘛，有什么了不起！""没做到的事，先吆喝上了！"十几年后，他成了名师。有人问他："你成功的背后是什么？"他回答说："是炫耀！取得一点成绩，我就大肆炫耀，事情还没谱，我就先夸下海口，这让很多人嗤之以鼻……炫耀是自我加压、自我提醒的方式，也是你弥补自信心不足的方法……说白了，炫耀只是为了激励自己。同时我相信，成绩最终会战胜闲话。"

案例 47.1 中，炫耀成绩的教师虽然给人以"不好印象"，但是，正是通过炫耀，他得到了自我成长的压力和动力，加强了自信心，最终成长为名师。从中，我们看到了炫耀成绩的功用，即这种行为细节确实能促进教师发展。不过，生活经验告诉我们，炫耀成绩如同在钢丝上跳舞，固然有特立独行的"美感"，是自我加压的好方式，但是，一旦失控，风险亦是巨大的。结合案例中的阅读，我们认为，教师取得成绩可以炫耀，不过亦要注意若干行为细节。

首先，取得一点成绩就炫耀，要做到言之有物。取得一点成绩就炫耀，炫耀的主要是已经取得的成绩。这里，已有的成绩，是炫耀的内容；取得的成绩，是炫耀的前提。固然，炫耀有夸大的成分，但必须要有所依托，要言之有物，切忌空穴来风。案例中的教师，是因为发表论文，而到处奔走相告。至于闲聊时的大谈理想，估计也不会是夸夸其谈吧。

---

① 严育洪. 这样教书不累人 [M]. 北京：教育科学出版社，2009：49.

其次，取得一点成绩就炫耀，要懂得适可而止。炫耀成绩要有个度，炫耀一点成绩不能无休无止。适当的炫耀，应该会让人"另眼相看"，过度的炫耀，则会令人心生厌烦。炫耀成绩需要把握的度，就是让大家知道自己的成绩就可以了，炫耀的时候姿态则可放低一点，切忌反复在同样的人面前炫耀，亦不可炫耀一点成绩时，就趾高气扬，目空一切，大有不把他人放进眼里之势。否则的话，炫耀成绩就变了味，变成了过度地推崇自我。

最后，取得一点成绩就炫耀，要学会推陈出新。换句话说，就是用不断取得的成绩来证明自己，用不断取得的成绩来继续炫耀。炫耀是需要资本的，炫耀也是要有底气的。而这"资本"和"底气"，绝不仅仅是某一次用于炫耀的成绩。教师取得一点成绩就炫耀，不管炫耀的技巧如何娴熟，目的如何单纯，总是会引来一些闲言碎语。而不断地取得成绩，将炫耀推陈出新，就是用事实来澄清怀疑，用成绩来战胜闲话。案例中的教师，不但想到了这一点，显然也是做到了这一点。

点睛笔：

1. 取得成绩，不骄不躁，保持低调，固然是一种美德。但是对于尚在成长阶段的教师，更需要推销自己，让别人自己的成绩和长处，这样，才能获得更多的发展机会。

2. 敢于炫耀自己的成绩，实际上也是进行自我加压，给自己以强大的外在推动力。

3. 取得一点成绩就炫耀，炫耀的主要是已经取得的成绩。这里，已有的成绩，是炫耀的内容；取得的成绩，是炫耀的前提。

4. 炫耀成绩要有个度，炫耀一点成绩不能无休无止。适当的炫耀，应该会让人"另眼相看"，过度的炫耀，则会令人心生厌烦。

5. 炫耀是需要资本的，炫耀也是要有底气的。不断地取得成绩，将炫耀推陈出新，就是用事实来澄清怀疑，用成绩来战胜闲话。

48. 整理干净自己的办公桌

办公桌是教师办公的主要场所，教师在学校里相当多的时间，就是坐在办公桌面前度过的。教师备课要用到办公桌，教师批改作业要用到办公桌，教师查阅资料、撰写文章也要用到办公桌……办公桌还成为师生交往的默默"见证者"，教师找学生谈话有的时候就在办公桌旁，学生交作业常常要来到教师的办公桌，学生有事找老师一般也常会找到教师的办公桌。在某种程度上，办公桌不仅是教师办公的场所，也在师生交往中起到了教师"门面"的作用。

然而，很多教师不愿花时间打理办公桌，办公桌上的东西堆得到处都是，各种杂物随处可见。虽说经常整理好自己的办公桌，是教师行为中的一个小小细节，但对于教师而言，却有着不小的意义。

首先，提高工作效率。如果办公桌东西又多又杂，混乱不堪，那么，放一样东西或许很随便，但找一样东西却变得并不容易。而且，因为不知放在哪里，或者是放在桌上不起眼的地方，可能会造成某些工作任务被暂时忽略掉了。真正要等别人来催时，却发现已经错过了完成工作的最佳时间，于是乎，只得不讲质量、不顾效益地草草完成了。而把办公桌整理干净，即使不能把办公桌上的东西清空掉，但至少能摆得整整齐齐，要找的东西能够很快找到，做起事来则倍有精神和效率。

其次，提升自身形象。前面提到过，办公桌是师生交往的"见证者"，是教师的"门面"。除此之外，它还是教师的一张"名片"，是学生了解教师的一扇窗户。也就是说，它与教师在学生心目中的形象息息相关。办公桌凌乱、不干净，会让学生觉得老师不太讲究卫生，不善于整理自己的用品。如果教师在课堂上要求学生整理好自己的课桌，而学生看到教师自己的办公桌却凌乱不堪，那么，学生又会怎么想？反过来，教师总是能打理干净办公桌，学生给教师形象的打分也会因此而增加。

最后，保持良好心情。但凡教师，都希望自己的办公桌干净美观。而由于种种原因，却看到自己的办公桌乱且杂，心情肯定或多或少会受到影响。当教师打理好自己的办公桌，看到自己的办公桌变了模样，或者是一直保持着干净整齐，对于好心情自然有着加分作用。即使是那些习惯于凌乱办公桌的教师，看到变了模样的干净办公桌，也会发现自己的心情能因此变得好一些。有了好的心情，工作就更有干劲，教育就更有质量。

案例 48.1　**办公桌的变化**[①]

很多老师的办公桌上都堆着各种没处理完的文件、没批完的作业、没备完的课。看着这些乱七八糟的东西，好像有永远也做不完的事，人就紧张、忧虑、烦恼。

江苏省昆山市陆杨中心校的蔡老师面对这种情况，并没有抱怨，而是积极想办法改变。学习了心理学知识后，蔡老师认识到，行为的变化会引起观念和态度的转变。于是，蔡老师先试着改变自己的行为，开始清理办公桌，把各种文件分类归档，没有价值的全部处理掉。每天中午，蔡老师都抽点时间阅读来信、电子邮件，把需要马上做的事，及时做出决定；不能马上做的事，订好计划，在台历上注明，什么时候开始做，几号之前完成，并留有余地；可以让各科室做的事，蔡老师及时把文件转交给各科室

[①] 宋运来. 影响教师一生的 100 个好习惯 [M]. 江苏：江苏人民出版社，2009：315-316.

负责人。每天晚上计划好第二天要做的事，每天把当天要做的事，按轻重缓急处理完，临下班清理办公桌。就这样，每天看到自己的办公桌整整齐齐、干干净净，紧张、焦虑的情绪也消失了，工作效率明显提高了，人也变得很快乐了。

案例48.1中，教师改变自己的行为，有计划地清理办公桌，让办公桌"焕然一新"。整理干净办公桌这一行为细节，提高了工作效率，也调节了心情。案例中，教师表现出的日常行为细节，至少有以下几点值得我们学习借鉴。

第一，没有抱怨办公桌的凌乱，而是积极设法改变。面对杂乱无序的办公桌，放着似乎永远也做不完的各种任务，会让教师感到"紧张、忧虑、烦恼"。对此，抱怨解决不了任何问题，抱怨只会让自己的心情越来越糟。案例中的教师面对这种情况，"并没有抱怨，而是积极想办法改变"。这是一种积极的心态，也是一种值得推荐的行为细节。因为唯有想方设法去改变，才有可能改变现状，才能最终不再抱怨。

第二，尝试改变自己的行为，对文件进行分类整理。要改变办公桌的状态，首先要改变自己的行为习惯。这一点应该是常识。那么，整理凌乱的办公桌，如何入手才是不错的选择？案例中的教师开始清理办公桌时，"把各种文件分类归档，没有价值的全部处理掉"。对文件分门别类地整理，把桌面上的东西摆放得合理，这样做是有利于持久地将桌面保持整洁的。

第三，分解成阶段性目标，实行有计划地整理办公桌。整理办公桌也许要花些时间，而且一开始整理的时候，有些习惯于让办公桌保持"自然状态"的教师，可能对整理这一行动心有抗拒。对此，如果把整理办公桌的总目标分解成若干阶段性目标，然后一到某个时间，就完成相对容易的某一阶段目标，这样累积下来，整理办公桌就可以相对轻松地完成。案例中的教师，把需要在办公桌上做的任务分解之后，采取不同的方式来对待，而且计划好不同的时间完成不同的任务。这样的行为细节，对于教师长期打理好自己的办公桌是相当有帮助的。

> **点睛笔：**
>
> 1. 整理好自己的办公桌，能够提高工作效率，提升自身形象，保持良好心情。
>
> 2. 面对杂乱无序的办公桌，放着似乎永远也做不完的各种任务，会让教师感到"紧张、忧虑、烦恼"。对此，抱怨解决不了任何问题，抱怨只会让自己的心情越来越糟。
>
> 3. 对文件分门别类地整理，把桌面上的东西摆放得合理，这样做是有利于持久地将桌面保持整洁的。
>
> 4. 如果把整理办公桌的总目标分解成若干阶段性目标，然后一到某个时间，就完成相对容易的某一阶段目标，那么，整理办公桌就可以相对轻松地完成。

49. 老师的事别总让学生干

教师找学生帮忙分担点工作，这在学校中是常有的事情。在一定的限度之内，教师这么做也无可厚非。让学生在能力范围之内，在时间允许的情况下，适当帮教师做点事，是尊师的一种方式，是为集体服务的表现，同时也能够锻炼学生的能力。但凡事总有个度，教师的很多分内之事，经常让学生来干，这并不是什么值得称道的行为细节。其中的原因，可以简单地从学生和教师两方面来分析。

从学生的角度讲，会增加学生的额外负担。学生到学校来，主要的任务是学习。在学校中，学习已经占去学生大量的时间和精力，在学习之余，学生也需要必要的休息和放松。教师让学生帮忙做事，学生必然要在有限的学习和休息时间中，挤出一些时间用于完成教师布置的额外任务。如果说学生的学习任务还相对轻松，休息时间也比较充裕，那么，帮老师做些事情，在做事的过程中增长一些能力，学生们应该是乐于去做的。但是，学生也会经历学习任务比较重、学习压力比较大的阶段，这个时候，学生再抽出时间帮助老师做事，对他们来说，可能是想起来就头疼的额外负担。

从教师的角度讲，则失去了解学生的机会。教师的不少分内之事，例如，批改作业、批阅考卷、填写学生资料等，都是教师了解学生的好机会。教师把这些活都"包干"给学生，自己固然是轻松了，但同时也失去了细致了解学生学习状态的机会。而了解学生学习状态，是采取有针对性教学措施的前提条件。在这个意义上讲，教师总让学生干自己的分内事，会对课堂教学产生不利的影响。

下面，我们将结合案例的阅读，再来讨论教师总让学生做自己的分内事，这一行为细节所反映出来的问题。

案例49.1 学生成了教师的"打工仔"[①]

现在很多同学都不愿当班干部（尤其到了高年级），因为那简直就是老师的"打工仔"，经常有做不完的工作。一到中午，课代表们就不见了踪影，原来是到办公室帮老师批考卷去了。他们每人带着一支红笔，根据老师的正确答案一张一张对照着批。期末这段时间，老师的"作业"不断增多，考卷都堆积在了办公室，所以课代表们便成了"小老师"，天天在办公室里忙碌着。我觉得老师这种办法不好，作业可以少布置一些，或者让同学们自己互改，否则课代表每天中午挤在办公室里干老师的活儿，不是影响他们的学习和休息了吗？

另外，一些属于老师分内的活儿，比如填写成绩报告单等，老师也常怕麻烦而发给学生，由学生胡乱填上等级、应付交上完事。

案例49.1是从学生的角度，描述老师让学生做事的心理感受。对于教师过多地安排学生做事，案例中的学生显然持反对的态度。那么，教师把自己的分内之事，过多地"承包"给学生，反映了什么样的问题呢？

第一，反映教师对工作不负责任。分内的工作，理应由自己完成。这是教师的基本工作职责。教师把本该由自己做的分内之事，让渡给学生，让学生帮自己减轻工作负担，这应该也算得上是对工作不负责的表现。也许有的教师会说，自己的工作实在太忙，叫学生来帮忙也是迫不得已的事

---

① 方旭. 不可淡化的行为细节[J]. 中国教育报，2008-1-31.

情；何况，节省下来的时间，可用于完成更加重要的工作。实际上，这样的理由是苍白无力的，教师这样做只是为自己的"懒惰"和不负责找的借口而已。

第二，反映教师缺乏工作方法。案例描述，教师叫学生中的课代表"打工"，主要是叫学生来帮着批改试卷。而且，一到期末，随着考试的频繁，课代表们"天天在办公室里忙碌着"。案例中的学生也表示，教师老是让学生干活这样的办法并不好，并且还建议，"作业可以少布置一些，或者让同学们自己互改"。学生的看法和建议是有一定道理的。我们可以反问那些教师，非得要布置那么多的作业，进行那么多的考试吗？非得要老请课代表帮忙干活吗？其中，暴露出的问题是，教师对如何提高教学效率缺乏深入思考，没有更多地去寻找提高教学质量的好办法。

第三，反映教师对学生缺少关爱。案例中，教师要求课代表牺牲学习和休息时间，到办公室帮自己干活，真有点剥夺学生"劳动力"为自己无偿干活的意味。也许面对如此的质问，教师还可将这种行为，美其名曰"为同学服务"、"为集体做贡献"等。但是，教师难以掩盖的事实是，对那些课代表缺少了一份关爱。频繁地剥夺学生们的学习和休息时间，代替自己完成一些分内之事，作为以培养祖国下一代为己任的教师，于心何忍，情何以堪？

所以，教师的分内之事，即使做起来苦点累点，还是自己来完成比较好。教师可以让学生帮忙做点事，但是不能老让学生帮自己做事。这也算是教师行为的一条规范吧！

点睛笔：

1. 让学生在能力范围之内，在时间允许的情况下，帮老师做点事，是尊师的一种方式，是为集体服务的表现，同时也能够锻炼学生的能力。

2. 教师的很多分内之事，经常让学生来干，会增加学生的额外负担。同时，教师将失去了解学生的机会。

3. 教师把本该由自己做的分内之事，让渡给学生，让学生帮自己减轻工作负担，这应该也算得上是对工作不负责的表现。

50. 在校时间别玩网络游戏

随着电脑和网络的日益普及，很多学校都为教师配备了电脑，开通了网络，改善了办公条件。学校为教师配套上网的电脑，是为了利用电脑和网络这样便捷工具，方便上网学习和交流，提高工作和学习的效率，进而为教育教学工作服务。但是，不少教师更多时候把电脑用于他途，比如说，下载了各种网络游戏，在工作时间，或者说是课余时间，玩起了联网的游戏。教师在校时间，尤其是学生尚在学校的时候，玩起了网上游戏，会造成什么不良影响呢？

首先，会影响学生评价教师。教师在评价学生的同时，也在接受着学生的评价。学生评价老师，不仅要听老师是怎么说的，更要看老师是怎么做的。教师在校工作时间内，利用办公电脑玩网络游戏，尽管一般是背着学生玩的，但是，总归会被学生无意撞见。当看到谆谆教诲他们不要玩网络游戏的教师，竟然会在办公室玩起网络游戏，试想一下，学生们作何感想？即使学生看到玩网络游戏的教师，不是执教他们科目的教师，也会影响他们对教师群体的评价。

其次，会有碍于做本职工作。教师的本职工作是教书育人，教师的一言一行都围绕着教书育人转，不能有一丝一毫的放松和懈怠。如果教师在工作时间玩网络游戏，并且玩得津津有味，那么，彼长而此消，用于工作的时间就少了。而且，在校上班期间，教师与学生有很多的接触机会，即使到了下班时间，仍然有一些学生滞留在学校。所以，即便教师只是偶然玩玩网络游戏作为紧张工作的调剂品，但是也存在被学生发现而影响教师形象的风险。在学校工作期间，教师玩网络游戏，多多少少会影响到本职工作。

最后，会干扰其他教师工作。学校的办公室里通常有数位教师一同办公，而且办公区域一般是连在一片的。假如有教师在上班期间玩网络游戏，即便不发出声音，也有可能分散其他教师的注意力。一些自我管理能力相对较弱的教师，看见有的同事玩起了网络游戏，很有可能会不自觉地加入到玩游戏的队伍中来。实际上有的教师在办公室玩网络游戏，也会对那些表面上看起来不受干扰的教师的工作产生不利影响。例如，当那些不玩网络游戏的教师，要求学生不玩网络游戏时，学生有可能用有的教师也玩网络游戏加以反驳。这样，这些教师的教育工作就会受到影响。

下面，我们将结合相关案例的阅读，来进一步讨论教师在校期间玩网络游戏所存在的问题。

案例 50.1　老师也玩网络游戏[①]

近来，我校老师的办公室都装上了电脑，并且上了校园网，这原本是让老师们利用网络"充电"，提高教学水平和质量。然而问题也随之而来，许多老师的电脑里都下载了游戏。据我本人看到的，起码有十多个办公室的电脑中有游戏"泡泡堂"，还有"联众世界"等。

个别老师一走进教室，就沉着脸让我们做作业，而自己却泡在电脑里。

课间或放学后去办公室，我有时会发现一屋子的老师都在玩游戏。平时，班主任常对我们说："不准上网玩游戏！"而老师们自己却玩得不亦乐

[①] 方旭. 不可淡化的行为细节 [J]. 中国教育报，2008-1-31.

乎，还有哪个学生会来听老师的呢？

案例50.1描述的是学生对教师玩网络游戏的观感。在字里行间，我们可以发现学生是不赞同教师在校期间玩网络游戏的。除了学生，相信其他人，也是会反对教师这一行为的。那么，从教师在校期间玩网络游戏这一行为细节中，我们可以发现哪些问题呢？

第一，说明教师对自己缺乏严格的要求。大凡有成就的教师，都是对自己严格要求的教师。教师在校期间，尤其是上班时间，大玩特玩网络游戏，是放纵自己行为，是对自己缺乏严格要求的表现。长此以往，当玩网络游戏成为一种习惯，那些教师就会对改进教学、提高教学质量失去兴趣，对工作变得无所谓，进而成为"得过且过"的教书匠。

第二，说明教师不重视行为细节的影响。细节虽然细小，但有可能在不经意间产生巨大的影响。虽说未必所有的细节，都会影响教育的成败，但是，作为教育者的教师，对任何有可能影响到教育结果的行为细节，都不能够掉以轻心。那些在工作期间大玩特玩网络游戏的教师，显然对于自己行为细节重要程度的认识是不够的，对于自己行为细节的关注程度也是远远不足的。

第三，说明学校对教师行为管理力度弱。学生的行为需要教师的引导，教师的行为同样也需要学校管理者的监督。案例中的学生看到，起码有十多个办公室的电脑中有网络游戏；课间或放学后去办公室，有时会发现一屋子的老师都在玩游戏。这样的现象表明，在案例中的那个学校，教师玩网络游戏不再是个别或少数的现象，已经在一定范围内成了普遍的现象。这种现象之所以发生，固然与部分教师的不自觉有关，但与学校管理者的不作为也脱不了关系。

总之，身为担负教育年轻一代重责的教师，我们不该忘记"随风潜入夜，润物细无声"、"不积跬步，无以至千里"这些古人有关"细节"的描述。细节体现规范，细节折射素质。学校无琐事，"细节造就精品"，让我们从每一个细节着手，做好教书育人的工作。①

点睛笔：

1. 教师在校时间，尤其是学生尚在学校的时候，玩网上游戏，会影响学生评价教师，会有碍于做本职工作，还会干扰同事的工作。

2. 大凡有成就的教师，都是对自己严格要求的教师。教师在校期间，尤其是上班时间，大玩特玩网络游戏，是对自己行为的放纵，是对自己缺乏严格要求的表现。

3. 作为教育者的教师，对任何有可能影响到教育结果的行为细节，都不能够掉以轻心。

---

① 方旭. 不可淡化的行为细节 [J]. 中国教育报，2008-1-31.

附录 本书案例索引

案例 1.1 提前三分钟进入课堂（4）
案例 2.1 送给学生"名"书（8）
案例 3.1 奖给经济困难学生一本书（13）
案例 4.1 向学生收费不再头痛了（17）
案例 5.1 她今后读书一定行（22）
案例 6.1 亲手为孩子别上"友谊星"（27）
案例 6.2 远远地将蝴蝶卡片飞过去（28）
案例 7.1 沉默的三分钟（32）
案例 8.1 红色小旗与"红牌出场"（35）
案例 8.2 换一个角度，她还是个好孩子（38）
案例 9.1 与老师一起分享好书（42）
案例 9.2 把它倒过来（44）
案例 9.3 学会制怒，情理交融（47）
案例 10.1 借一分还十分（50）
案例 10.2 迟到都要马上做俯卧撑（52）
案例 11.1 好学生还顾不过来呢（56）

案例 12.1 细心关爱调皮学生（60）
案例 13.1 学生怎么回答得这么爽（66）
案例 14.1 这题目其实很简单（69）
案例 15.1 谁是我们班的朗读小能手（74）
案例 16.1 请不举手的学生来朗读（79）
案例 17.1 你们班谁学习有困难（84）
案例 18.1 学生指出失误，教师欣然接受（89）
案例 18.2 我哪儿说错了（91）
案例 19.1 不合礼仪的对话（94）
案例 20.1 把钓鱼人丢进海里（98）
案例 20.2 意想不到的学生回答（99）
案例 21.1 一连提出好几个问题（103）
案例 22.1 你的回答不合适，重新想（106）
案例 22.2 回答问题前要多动脑筋，不要乱说（107）
案例 22.3 受到批评的"快嘴"学生

案例 23.1　等一等，纠错水到渠成（112）

案例 24.1　查字典太麻烦了（117）

案例 25.1　不给学生过多的提示（121）

案例 26.1　兴致勃勃的学生与面无表情的老师（125）

案例 27.1　"巡查"中发现学生没听懂（129）

案例 28.1　不知所措的学生（132）

案例 28.2　两种版本的《七步诗》（134）

案例 28.3　不恰当的动画演示（135）

案例 28.4　夹竹桃与《风速歌》（136）

案例 29.1　课前为学生唱上一曲（142）

案例 30.1　老师主动擦黑板（144）

案例 31.1　吹掉讲桌上的灰尘（148）

案例 32.1　窗户上那只捣乱的苍蝇（152）

案例 33.1　学生脱口而出的猫叫声（155）

案例 34.1　课堂中不和谐的"音符"（161）

案例 35.1　握手让学生宁静下来（165）

案例 36.1　把那窗帘拉开吧（168）

案例 36.2　一次考场变故（172）

案例 37.1　学生为什么露出失望的神色（175）

案例 38.1　请相信我们能完成黑板报（179）

案例 39.1　帮小学新生打扫教室（182）

案例 40.1　参加教研活动的感悟（188）

案例 41.1　通过培训向专家教师学习（193）

案例 42.1　在网络上与同行交流（197）

案例 43.1　在教室里看书的教师（201）

案例 44.1　一次语文课的反思日记（204）

案例 45.1　主动跟躲避的学生打招呼（212）

案例 46.1　当孩子向你敬礼后（216）

案例 47.1　取得一点成绩就炫耀的教师（220）

案例 48.1　办公桌的变化（223）

案例 49.1　学生成了教师的"打工仔"（227）

案例 50.1　老师也玩网上游戏（231）